Simon Schmi

Performance-Measurement-Systeme für mittelständische Unternehmen

Entscheidungsunterstützende Informationssysteme im Geschäftsprozessmanagement

Bibliografische Information der Deutschen Nationalbibliothek:

Die Deutsche Nationalbibliothek verzeichnet diese Publikation in der Deutschen Nationalbibliografie; detaillierte bibliografische Daten sind im Internet über http://dnb.d-nb.de abrufbar.

Impressum:

Copyright © Studylab

Ein Imprint der Open Publishing GmbH

Druck und Bindung: Books on Demand GmbH, Norderstedt, Germany

Coverbild: Open Publishing GmbH | Freepik.com | Flaticon.com | ei8htz

Inhaltsverzeichnis

Abstract / Zusammenfassung

Thema der Bachelorarbeit

Modellierung eines Performance Measurement Systems zur Optimierung der Geschäftsprozesse eines mittelständischen Unternehmens

Stichworte

Performance-Measurement-System, Geschäftsprozessoptimierung, Mittelständische Unternehmen, Multidimensionale Datenmodellierung, Star Schema, Performance-Data-Warehouse, ADAPT, Key Performance Indicator

Kurzzusammenfassung

Diese Arbeit beschäftigt sich mit dem Themenfeld der Performance-Measurement-Systeme als entscheidungsunterstützende Informationssysteme im Geschäftsprozessmanagement von Unternehmen sowohl auf fachlicher als auch auf softwaretechnischer Ebene. Aufbauend auf einer Literaturanalyse zu den besonderen Anforderungen mittelständischer Unternehmen an Performance-Measurement-Systeme wird in einem ersten Schritt ein Process-Performance Measurement-Framework (Business-Process-Performance-Scorecard) zur Optimierung der Geschäftsprozesse mittelständischer Unternehmen konzipiert. Anschließend wird ein ganzheitlicher Modellierungsprozess zur Implementierung eines IT-seitigen Process-Performance-Measurement- Systems aufgezeigt. Der Fokus der Modellierung liegt dabei auf semantischer Entwurfsebene auf der ADAPT-Notation und auf logischer Entwurfsebene auf dem Star-Schema-Ansatz. Ziel ist es, eine sowohl fachliche als auch softwaretechnische Vorarbeit für die physische Umsetzung des Performance-Measurement-Systems durch ein Performance-Data-Warehouse aufzuzeigen.

Abkürzungsverzeichnis

KMU	Kleine und Mittlere Unternehmen
IFM	Institut für Mittelstandsforschung
SME	Small and Medium-sized Enterprise
GPM	Geschäftsprozessmanagement
ISO	International Organization for Standardization
BPR	Business Process Reengineering
IT	Informationstechnologie
PM	Performance Measurement
PI	Performance Indicator
RI	Result Indicator
KPI	Key Performance Indicator
KRI	Key Result Indicator
PMS	Performance-Measurement-System
IPM	Integrated Performance Measurement
OPM	Organisational Performance Measurement
PMMC	Performance Measurement and Management Control
PPMS	Process-Performance-Measurement-System
PDWH	Performance Data Warehouse
DWH	Data Warehouse
BI	Business intelligence
OLAP	Online Analytical Processing
OLTP	Online Transaction Processing
MOLAP	Multidimensional Online Analytical Processing
ROLAP	Relational Online Analytical Processing
HOLAP	Hybrid Online Analytical Processing
ADAPT	Application Design for Analytical Processing Technologies
FK	Foreign Key

PK	Primary Key
BPP Scorecard	Business Process Performance Scorecard
PKPI	Process Key Performance Indicator
PDCA-Zyklus	Plan-Do-Check-Act-Zyklus
VP	Vertriebsprozess

Abbildungsverzeichnis

Tabellenverzeichnis

1 Einleitung

1.1 Problemstellung

Steigender Wettbewerbsdruck, dynamischer werdende Märkte und kürzere Produktlebenszyklen sorgen dafür, dass neben großen Unternehmen vor allem mittelständische Unternehmen einen erheblichen Umstrukturierungsprozess durchlaufen. In den Fokus von mittelständischen Unternehmen rückt im Rahmen der Anpassung ihrer Unternehmensstruktur eine starke Prozessorientierung. Informationssysteme und Frameworks zur Informationsverarbeitung bieten interessante Chancen zum Ausbau und zur Sicherung der Wettbewerbsfähigkeit mittelständischer Unternehmen. Die steigende Wirtschaftskraft des deutschen Mittelstandes ist in diesem Zusammenhang auch für IT- Anbieter interessant (vgl. [LeRe00, S. 179ff.].

Der wirtschaftsstarke deutsche Mittelstand bekräftigt die gute Lage der deutschen Wirtschaft auch im internationalen Vergleich. Mit einem Beitrag von ca. 55 % zur gesamten Wirtschaftsleistung im Jahr 2013 und einem Auslandsumsatz von ca. 195,2 Mrd. Euro im Jahr 2011 ist er der Motor der deutschen und europäischen Wirtschaft (vgl. [Bund14, S. 3]). Zudem steigt laut einer aktuellen Studie der DZ Bank die Investitionsbereitschaft mittelständischer Unternehmen weiter an. 81,3 % der mittelständischen Unternehmen wollen in den kommenden sechs Monaten in ihr Unternehmen investieren. Weiterhin wollen 30 % der Unternehmen ihr Investitionsvolumen insgesamt steigern (vgl. [Bank16, S. 4]).

Seit Mitte der 1980er-Jahre stieg die Anzahl der Publikationen zum Themenbereich der Performance-Measurement-Systeme (PMS) stetig an. Dabei zeigte sich, dass große und mittelständische Unternehmen unterschiedliche Anforderungen an den Entwurf, die Funktionsweise und die Implementierung von Performance-Measurement-Systemen stellen.

Die steigende Komplexität und Entwicklungsdynamik mittelständischer Unternehmen führte zu einer Annäherung der unternehmerischen Herausforderungen von mittelständischen und großen Unternehmen. PMS können eine entscheidende Rolle in der Unterstützung dieser neuen Herausforderungen einnehmen und ermöglichen eine Weiterentwicklung des strategischen Managements (vgl. [GaBB05, S. 25]).

Die neuen Ansätze der Leistungserfassung grenzen sich von traditionellen Kennzahlensystemen, die sich ausschließlich auf finanzielle Kennzahlen beziehen, in ihrer holistischen Betrachtungsweise ab. Gleichermaßen finanzielle und nicht-finanzielle Kennzahlen bilden eine ausgewogene Sichtweise auf die aktuelle und zukünftige Performance eines Unternehmens ab (vgl. [KaNo92, S. 172]).

Bisherige Forschungsarbeiten befassen sich größtenteils mit dem Einsatz von Performance- Measurement-Systemen in großen Unternehmen. Nur wenige Publikationen befassen sich mit der Entwicklung von Performance-Measurement-Systemen für mittelständische Unternehmen (vgl. [HuSB01, S. 1096]; [GaBB05, S. 28]). Dies führte dazu, dass bestehende Performance-Measurement-Systeme hauptsächlich auf die Anforderungen von großen und weniger von mittelständischen Unternehmen ausgerichtet sind. Beide Unternehmensgrößen setzten jedoch unterschiedliche Charakteristiken voraus, die ein Performance- Measurement-System erfüllen muss. Völlig unterschiedliche Strukturen und Dimensionen von mittelständischen Unternehmen gegenüber Großkonzernen erschweren die Implementierung von bestehenden PMS in die Strukturen mittelständischer Unternehmen (vgl. [TaCB08, S. 1 ff.]). Diese benötigen ein einfaches und leicht verständliches Performance- Measurement-System, welches die kritischen Bereiche der Unternehmensaktivitäten abbildet. Der Implementierungsprozess sollte aufgrund von limitierten Ressourcen unkompliziert sein (vgl. [TeRU01, S. 4]).

Business Process Reengineering, Geschäftsprozessoptimierung, Prozessmanagement und weitere ähnliche sogenannte Buzzwords zeigten in der Vergangenheit einen Trend auf, der die prozessorientierte Ausrichtung von modernen Unternehmen stark hervorhob. Dennoch haben bis zum heutigen Tage nur wenige Unternehmen Systeme zur Analyse der Performance von Geschäftsprozessen eingesetzt (vgl. [Kuen00, S. 67]).

Bis Ende 2000 haben 40-60 % der größten US-Konzerne die von KAPLAN und NORTON [KaNo92] konzipierte Balanced Scorecard als Performance-Measurement-System in ihre Management-Prozesse implementiert. Prekär ist dabei das Resultat, dass bis zu 70 % dieser Implementierungen nicht durchweg erfolgreich waren. Einerseits sind die meisten Performance-Measurement-Systeme unzureichend modelliert und andererseits schwer zu implementieren (vgl. [NeBo00, S. 3]). Des Weiteren werden KPIs von Unternehmen teilweise ungeeignet definiert, obwohl KPIs die Basis für eine erfolgreiche Leistungserfassung bilden (vgl. [Kaga13, S. 70]).

1.2 Zielsetzungen und abgeleitete Fragestellungen der Arbeit

Aufbauend auf der zugrunde liegenden Problemstellung ist es das Ziel dieser Bachelorarbeit, ein Process-Performance-Measurement-System, welches die Geschäftsprozessoptimierung mittelständischer Unternehmen unterstützt, zu modellieren. Das Ergebnis dieser Arbeit untergliedert sich in zwei Bereiche. Zum einen wird ein generisches Process-Performance- Measurement-Framework zur Identifikation von Process Key Performance Indicators konzipiert und erläutert. Weiterhin liegt der Fokus dieser Arbeit auf dem Entwurf eines ganzheitlichen Modellierungsansatzes eines Process-Performance-Measurement-Systems. Der Ansatz konzentriert sich auf den Entwurf eines konzeptuellen Schemas nach der ADAPT- Notation und den Entwurf eines logischen Datenmodells nach dem Star Schema-Ansatz. Beide Entwürfe werden im Rahmen eines Fallbeispiels für ein fiktives mittelständisches Unternehmen modelliert und bilden zusammen den Ansatz eines Implementierungsprozesses eines Process-Performance-Measurement-Systems durch ein Performance-Data-Warehouse. Exemplarisch wird der Vertriebsprozess eines mittelständischen Unternehmens modelliert. Die physische Entwurfsebene wird im Rahmen dieser Bachelorarbeit nicht praktisch behandelt.

Aus der dargestellten Problemstellung und den Zielsetzungen der Arbeit lassen sich folgende Fragestellungen ableiten, die im weiteren Verlauf theoretisch und praktisch untersucht werden:

1.2.1 Theoretischer Teil

- Wie wirkt sich die Globalisierung der Märkte auf die Entwicklung mittelständischer Unternehmen aus und welche Ansätze von Performance-Measurement-Systemen existieren für mittelständische Unternehmen?

- Welche besonderen Anforderungen gibt es von mittelständischen Unternehmen an Performance Measurement und Performance-Measurement-Systeme?

- Wie können Performance-Measurement-Systeme ganzheitlich durch ein Data Warehouse abgebildet werden?

1.2.2 Praktischer Teil

- Wie sieht ein neuer Ansatz eines PMS-Frameworks zur Unterstützung der Analyse von Geschäftsprozessen und des KPI-Definitionsprozesses aus?

- Wie sieht der Modellierungsprozess eines IT-seitigen Performance-Measurement Systems auf semantischer und auf logischer Entwurfsebne als Vorarbeit zur Implementierung eines Performance-Measurement-Systems durch ein Performance- Data-Warehouse aus?

1.3 Aufbau der Arbeit

Neben einem umfangreichen theoretischen Einstieg in die für die Bachelorarbeit relevanten Themenbereiche bildet das zweite Kapitel die aktuelle wissenschaftliche Ausgangslage für den praktischen Teil der Arbeit. Als wichtiger Bestandteil der Bachelorarbeit wird zunächst innerhalb des theoretischen Rahmens auf die besondere Stellung des deutschen Mittelstandes eingegangen. Darauf aufbauend werden Begriffe allgemeingültig definiert und in der Folge jeweils auf die besonderen Anforderungen mittelständischer Unternehmen bezogen. Mit dem Einstieg in den Themenbereich des Geschäftsprozessmanagements werden die Bedeutung und das Verständnis von Geschäftsprozessen herausgestellt. In diesem Zusammenhang werden die verschiedenen Arten erfolgsbringender Performance Measures aufgezeigt und in den Kontext mittelständischer Unternehmen eingeordnet. Bestehende für die Entwicklung von Performance-Measurement-Systemen wichtige Frameworks werden vorgestellt. Daraus resultierend werden Anforderungen des Mittelstandes an Performance-Measurement-Systeme abgeleitet und bestehende Framework-Ansätze für den Mittelstand aufgezeigt. Anschließend werden Performance-Measurement-Systeme als analytische Informationssysteme näher betrachtet. Auf dieser Basis wird der Ansatz des Performance-Data-Warehouse zur IT-seitigen Integration eines Performance-Measurement-Systems für mittelständische Unternehmen diskutiert. Es wird ein Modellierungsprozess präsentiert, der die fachliche und softwaretechnische Entwurfsebenen anhand der ADAPT-Notation und dem Star-Schema impliziert.

Im dritten Kapitel der Bachelorarbeit werden anhand eines Fallbeispiels zuvor theoretisch diskutierte Themenbereiche praktisch angewendet. In einem ersten Schritt wird ein neuer Ansatz eines Process-Performance-Measurement-Frameworks für mittelständische Unternehmen vorgestellt. Danach wird der Ansatz eines Implementierungsprozesses eines IT-seitigen Process-Performance-Measurement-Systems durch ein Process-Data-Warehouse dargestellt und auf semantischer und logischer Ebene umgesetzt.

Die Ergebnisse und Erkenntnisse werden in Kapitel vier zusammengefasst und mit einem Ausblick auf nächste Forschungsschritte und -fragen abgerundet.

1.4 Methodische Vorgehensweise

In einem ersten Schritt werden mittels einer Literaturanalyse der theoretische Rahmen und die formalen Grundlagen der Bachelorarbeit erarbeitet. Bestehende Performance Measurement Framework und Systeme für große und mittelständische Unternehmen werden vorgestellt und die besonderen Anforderungen von mittelständischen Unternehmen werden herausgestellt. Um einen möglichst praxisnahen Bezug zu ermöglichen werden hierzu neben der wissenschaftlichen Literatur primär wissenschaftliche Journale, Reports von öffentlichen Behörden und Fachmagazine als zentrale Wissensquelle genutzt. Aus den besonderen Anforderungen von mittelständischen Unternehmen wird ein neuer Ansatz eines PPMS-Frameworks zur Unterstützung der KPI-Definition hergeleitet und vorgestellt. Weiterhin liegt der Fokus der Analyse auf bisherigen Ansätzen der IT-seitigen Integration von Performance-Measurement-Systemen durch analytische Informationssysteme. Daraus ableitend wir ein PPMS-Modellierungsprozess zur Implementierung eines PPMS durch ein Data Warehouse aufgezeigt und auf semantischer und logischer Ebene im Rahmen eines Fallbeispiels modelliert. Die methodische Vorgehensweise der Arbeit wird in Abbildung 1 nochmals zusammengefasst.

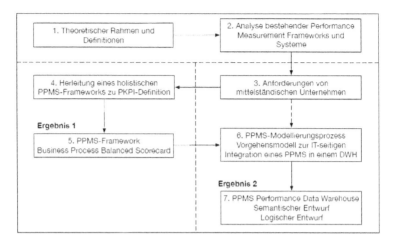

Abbildung 1: Methodische Vorgehensweise der Arbeit

2 Theoretischer Rahmen und Definitionen

2.1 Kleine und mittlere Unternehmen (KMU)

In der Literatur gibt es keine allgemeingültige Definition für den „German Mittelstand". Zudem werden die Bezeichnungen „Kleine und mittlere Unternehmen" (KMU) und „Familienunternehmen" oft als Synonym verwendet. Um mittelständische Unternehmen in der Gesamtwirtschaft besser einordnen und von Großunternehmen abgrenzen zu können, definiert das Institut für Mittelstandsforschung (IfM) in Bonn den wirtschaftlichen Mittelstand aus quantitativer und qualitativer Sichtweise.

Aus quantitativer Sicht werden die Umsatzhöhe und die Anzahl der Beschäftigten als Hauptindikatoren zur Einstufung von Unternehmen herangezogen. Aus qualitativer Sicht wird ein Unternehmen dem Mittelstand zugeordnet, wenn mindestens 50 % der Unternehmensanteile von maximal zwei natürlichen Personen oder ihrer Familienmitglieder gehalten werden und der Geschäftsführung angehören. Qualitative Indikatoren haben im Vergleich zu den quantitativen Indikatoren somit keine Größengrenzen (vgl. [Güte02, S. 1ff.]). Bedingt durch den stetigen Wandel des Mittelstandes und der weichen qualitativen Kriterien, nimmt die Bundesregierung Abstand von einer statischen Definition kleiner und mittlerer Unternehmen: „Eine generelle und schematische Definition des Begriffs 'kleine und mittlere Unternehmen' hält die Bundesregierung nicht für sinnvoll"[1].

Die folgende Tabelle 1 illustriert die quantitativen Abgrenzungskriterien des IfM für kleine und mittlere Unternehmen.

Unternehmensgröße	Zahl der Beschäftigten	Umsatz €/Jahr
klein	< 50	≤ 10 Millionen
mittel	< 500	≤ 50 Millionen
(KMU) zusammen	< 500	≤ 50 Millionen

Tabelle 1: KMU-Definition des IfM (Quelle: [Inst16]).

---

[1] DEUTSCHER BUNDESTAG. Drucksache vom 21.05.1976. (7/5248), Abs. 1

Die Europäische Kommission erweitert die rechtlichen Rahmenbedingungen um die Hinzunahme der Jahresbilanzsumme eines Unternehmens, wie in Tabelle 2 dargestellt. Weiterhin beeinflussen Ressourcen wie Eigentum, Partnerschaften oder Verflechtungen von Unternehmen in einer Konzernstruktur die Einstufung als KMU und erfordern eine fallspezifische Prüfung.[2]

Unternehmensgröße	Zahl der Beschäftigten	Umsatz €/Jahr	oder	Bilanzsumme €/Jahr
klein	< 50	≤ 10 Millionen		≤ 10 Millionen
mittel	< 250	≤ 50 Millionen		≤ 43 Millionen
(KMU) zusammen	< 250	≤ 50 Millionen		≤ 43 Millionen

Tabelle 2: KMU-Definition der Europäischen Kommission (Quelle: Az. K(2003) 1442)

2.1.1 Entwicklungsdynamik mittelständischer Unternehmen

Ein immer stärker werdender Wettbewerbsdruck, gepaart mit einer rasanten Digitalisierung der Wirtschaft schafft die Grundlage für einen derzeitigen weltweiten Umstrukturierungsprozess. Unternehmen sind gezwungen ihre Wettbewerbsstruktur organisatorisch und prozesstechnisch effizienter und flexibler zu gestalten. Die Folge des Umstrukturierungsprozesses ist eine Anpassung der Unternehmensstruktur vieler Unternehmen. Der Trend geht weg von einer reinen funktionalen hin zu einer prozessorientieren Organisation des Betriebes. Diese Anpassung setzt ein enormes Knowhow voraus und ist zusätzlich ein neuer aufkommender Kostenfaktor, der zu berücksichtigen ist. Der Stellenwert des Prozessgedankens ist somit nicht nur gleichzusetzen mit dem Stellenwert des Strukturgedankens, sondern herauszustellen (vgl. [Bierf91]).

Mittelständische Unternehmen bleiben von den genannten Faktoren der sich wandelnden Wirtschaftsstrukturen nicht unberührt. Hervorzuheben ist die Position des German Mittelstand nicht nur auf nationaler, sondern auch internationaler Ebene. Aus einer aktuellen Studie des Bundesministeriums für Wirtschaft und Energie geht hervor, dass ca. 99% der deutschen Unternehmen zum Mittelstand gehören und jährlich ca. 55 % der Wirtschaftsleistung erbringen. Im Jahr 2011 erwirtschaftete der Mittelstand ca. 2,1 Billionen Euro. Dies entsprach in etwa 36 %

---

[2] DIE KOMMISSION DER EUROPÄISCHEN GEMEINSCHAFTEN, 06.05.2013. (Az. K(2003) 1442), Artikel 1-3

des Gesamtumsatzes deutscher Unternehmen. Darüber hinaus beschäftigt der Mittelstand ca. 15,7 Millionen Arbeitnehmer in Deutschland. International steigt der Auslandsumsatz stetig an und lag im Jahr 2011 bei rund 195,2 Mrd. Euro (vgl. [Bund14, S. 3]).

Diese Voraussetzungen bieten Chancen und Risiken für erfolgsbringende Investitionen in innovative Informationstechnologien, die eine prozessorientierte (Neu-)Ausrichtung und eine einhergehende Steigerung der Wettbewerbsfähigkeit entscheidend unterstützen können. Instrumente, die in diesem Zusammenhang genannt werden sind unter anderem „Geschäftsprozessoptimierung", „Business Process Reengineering" oder „Geschäftsprozessmanagement" (vgl. [LeRe00, S. 180]).

2.2 Geschäftsprozessmanagement (GPM)

2.2.1 Geschäftsprozess

Nach der International Organization for Standardization (ISO) ist ein Prozess eine Aneinanderreihung von zusammenhängenden oder sich gegenseitig beeinflussenden Aktivitäten, die eine Eingabe zu einem beabsichtigten Ergebnis verarbeiten. Dabei kann die Art des Ergebnisses ein Produkt oder eine Dienstleistung sein (vgl. [DinE15]) und lässt sich in der folgenden Abbildung 2 zusammenfassen.

Abbildung 2: Definition Prozess (in Anlehnung an [DinE15]).

SCHMELZER und SESSELMANN [ScSe08] bauen auf dieser Definition auf und arbeiten für das Verständnis des Begriffes Geschäftsprozess stärker die Wichtigkeit und die Positionierung des Kunden heraus. Folglich besteht nach diesem Ansatz ein Geschäftsprozess „[...] aus der funktionsüberschreitenden Verkettung wertschöpfender Aktivitäten, die spezifische, von Kunden erwartete Leistungen erzeugen und deren Ergebnisse strategische Bedeutung für das Unternehmen haben." ([ScSe08, S.5]). Die abgeleitete Definition lässt sich in der folgenden Abbildung 3 zusammenfassend darstellen.

Abbildung 3: Definition Geschäftsprozess (in Anlehnung an [ScSe08, S. 5]).

2.2.2 GPM

Geschäftsprozessmanagement bezeichnet ein ganzheitliches Konzept zum Entwurf, zur Integration, zur Steuerung und zur Optimierung von Unternehmensprozessen und deren Zusammenhängen mit Fokus auf eine prozessorientierte Ausrichtung eines Unternehmens (vgl. [BuWi09, S. 6]). Mit der wachsenden Komplexität von Geschäftsprozessen wuchs in der Vergangenheit die Nachfrage an innovativen Methoden und Ansätzen zur Implementierung von GPM-Konzepten in mittelständischen und großen Unternehmen stark an (vgl. [Houy11, S.377]). GPM ist langfristig ausgerichtet und unterliegt einem ständigen Lebenszyklus, der gleichermaßen planerische, organisatorische und kontrollierende Maßnahmen miteinbezieht (vgl. [Funk10, S. 14ff.]). Der PDCA-Zyklus (Plan-Do-Check-Act-Zyklus) nach Deming (vgl. [Demi86, S. 88]) bildet die Grundlage für verschiedene BPM-Zyklusmodelle. Im Mittelpunkt des GPMs stehen einerseits die Steigerung der Kundenzufriedenheit und andererseits die Erhöhung der Produktivität. Um beide Hauptziele erreichen zu können, werden die Geschäftsprozesse auf die Anliegen der Kunden ausgerichtet und laufend gemessen und optimiert (vgl. [ScSe08, S. 6]). HOUY et al. [HoFL10] definiert in der folgenden Abbildung 4 die sechs Phasen des BPM-Lebenszyklus:

Abbildung 4: BPM-Lebenszyklus (in Anlehnung an [HoFL10, S. 623]).

Im Detail umfasst der Lebenszyklus folgende Managementaktivitäten: Strategie-entwicklung, Definition und Modellierung, Implementierung, Ausführung, Monito-ring und Controlling und Optimierung und Verbesserung. Abbildung 3 stellt diesen Kreislauf der Aktivitäten dar. Der abgebildete Zyklus steht für eine fortlaufende Verbesserung der Geschäftsprozesse und wird iterativ angewendet. SCHMELZER und SESSELMANN [ScSe08] nennen zudem folgende Charakteristiken, die GPM idealtypisch definieren (vgl. [ScSe08, S. 6ff.]):

- Prozessorientierung
- Kundenorientierung
- Wertschöpfungsorientierung
- Leistungsorientierung
- Mitarbeiterorientierung
- Lernorientierung
- Kompetenzorientierung

Gleichermaßen sind für große Unternehmen und mittelständische Unternehmen die Steigerung der Kundenzufriedenheit und die Steigerung der Produktivität Hauptziele des Geschäftsprozessmanagements. Hinsichtlich des Verständnisses und der Nachfrage von GPM herrscht eine große Diskrepanz in vielen mittelständischen Unternehmen. Einerseits existiert eine steigende Nachfrage an der Implementierung von GPM-Systemen in mittelständische Unternehmen, um im Zeitalter der Globalisierung und der Digitalisierung konkurrenzfähig zu bleiben. Andererseits sind sich mittelständische Unternehmen teilweise nicht bewusst wie sie GMP-Systeme gewinnbringend in ihre Geschäftsprozesse integrieren können (vgl. [Chon07, S. 43f.]). Daraus lässt sich ableiten, dass zwar eine generelle Nachfrage an GPM- Systemen besteht, darüber hinaus jedoch Faktoren eine Einführung oder eine Verbreitung entscheidend beeinflussen. CHON [Chon07] fasst diese Faktoren zusammen und stuft sie auf Basis einer empirischen Studie absteigend nach ihrer Wichtigkeit für die befragten Personen ein (vgl. [Chon07, S. 51]). Folgende fünf Faktoren beschreibt CHON als Hürden, die mittelständische Unternehmen im Zusammenhang mit GPM nehmen müssen:

1. Fehlende finanzielle Ressourcen

2. Fehlende Zeit neben dem operativen Geschäft

3. Fehlende Unterstützung der Geschäftsleitung

4. Fehlende Expertise in der Informationstechnologie

5. Fehlendes Verständnis von Prozessorientierung

2.2.3 IT und Business Process Reenigneering (BPR)

Als eine wesentliche Methode des GPMs umschreibt Business Process Reengineering den Prozess der Umstrukturierung bestehender Geschäftsprozesse, um die Produktivität und Qualität der Geschäftsprozesse eines Unternehmens zu steigern (vgl. [OnSo99, S. 573f.]). BPR wurde von HAMMER und CHAMPY [HaCh09] in den frühen 90er Jahren entscheidend geprägt und zielt auf die Neugestaltung der Geschäftsprozesse eines Unternehmens ab (vgl. [HaCh09, S. 133ff.]). BPR kann bei einer kontinuierlichen Anpassung und Überwachung der Geschäftsprozesse zu einer erheblichen Steigerung der Performance führen (vgl. [Kuen00, S. 75]). GUNASEKA-RAN und NATH [GuNa97] definieren BPR als radikale Veränderungen bestehender Prozesse, um drastische Verbesserungen zu erzielen. Somit handelt es sich nicht nur um Feinanpassungen oder geringfügige Anpassungen vorhandener Abläufe, sondern um die radikale, fundamentale und dramatische Veränderung von Geschäftsabläufen (vgl. [GuNa97, S. 92f.]). Weiterhin beschreiben GUNASEKARAN und NATH die Kombination von IT und BPR als ein ganzheitliches System zur drastischen Verbesserung der Performance von Unternehmen. Die Informationstechnologie trägt dazu bei, Zeit zu sparen und die Genauigkeit im Austausch von Zielen und Strategien eines Unternehmens zu verbessern. Durch die Automation von Prozessen kann menschliches Fehlverhalten reduziert werden. IT kann einen Wettbewerbsvorteil bieten, indem die (Neu-)Positionierung eines Unternehmens und die Erkennung von Trends frühzeitig realisiert werden. (vgl. [GuNa97, S. 95ff.]).

2.2.4 Geschäftsprozessoptimierung

Geschäftsprozessoptimierung wird in den Aufgabenbereich des Geschäftsprozessmanagements eingeordnet und kann als komplementäre Disziplin des BPR angesehen werden. Mit der Verschiebung einer reinen funktionalen Betrachtungsweise von Unternehmen zu einer prozessorientierten Ausrichtung wurde dem Bereich der Geschäftsprozessoptimierung in den letzten Jahren eine stetig wachsende Bedeutung zur ganzheitlichen Erfassung der Geschäftsprozesse zugesprochen. Das übergeordnete Ziel von Geschäftsprozessoptimierung ist das Erzielen von besserer Prozess-Performance, um sich Wettbewerbsvorteile zu verschaffen oder eine Wettbewerbsfähigkeit zu erreichen (vgl. [NiSc11, S. 88-89]). NIEDERMANN und SCHWARZ [NiSc11] verstehen

Geschäftsprozessoptimierung als Methode der IT und beschreiben die folgenden drei Schritte, die eine erfolgreiche Implementierung von Geschäftsprozessoptimierung inkludieren (vgl. [NiSc11, S. 89]):

1. Datenintegration: Geschäftsprozesse sind bereichsübergreifend und dazugehörige Daten werden durch unterschiedliche Datenquellen generiert und verwaltet. Alle relevanten Daten müssen gesammelt und integriert werden.

2. Datenanalyse: Nach der Zusammenführung der Daten aus verschieden Datenquellen müssen Prozessmodell und Prozessdaten analysiert werden. Dieser Schritt beinhaltet die Kalkulation von finanziellen und nicht-finanziellen Werten und Schritte des Data- Minings, um Zusammenhänge von Daten sichtbar zu machen.

3. Erfassung und Implementierung der Verbesserungsansätze: Mithilfe der Analyse der Daten können Defizite in den Abläufen der Geschäftsprozesse aufgedeckt werden. Aufbauend auf den aufgedeckten Defiziten können geeignete Methoden ausgewählt werden und im Rahmen der Geschäftsprozessoptimierung auf die Prozesse angewendet werden.

2.3 Performance Measures und Performance Measurement (PM)

2.3.1 Performance

> „I often say that when you can measure what you are speaking about, and epress it in numbers, you know something about it, when you cannot express it in numbers, your knowledge is of a meagre and unsatisfactory kind [...]" William Thompson (Lord Kelvin), 1824-1907

Das einführende Zitat von Lord Kelvin betont die herausragende Wichtigkeit, Sachverhalte in einen Zusammenhang bringen zu können und gleichzeitig messbar zu machen. Demzufolge symbolisiert die Fähigkeit, Sachverhalte in Zahlen auszudrücken Professionalität und vorhandenes Wissen über die Materie.

Das Verständnis von Performance wurde in der Literatur bereits weitreichend diskutiert, eine allgemeingültige Definition für Performance gibt es jedoch nicht (vgl. [Leba95, S. 23]). OTLEY [Otle99] schließt sich dieser Aussage an und bezeichnet vage ein gut funktionierendes oder performantes Unternehmen als jenes, das seine vorab definierten Ziele erreicht (vgl. [Otle99, S. 364]). Demgemäß setzt leistungsfähiges Handeln das Erreichen von vorab definierten Zielwerten voraus und bezieht sich mehr auf die Zukunft als auf die Vergangenheit. LEBAS [Leba95] unterstütz diese Aussage und definiert die Performance

nicht nach Zielen, die ein Unternehmen in der Vergangenheit erreicht hat, sondern vielmehr nach Zielen, die durch gute Führungsqualitäten in Zukunft erreicht werden können: „A performing business is one that will achieve the objectives set by the managing coalition, not necessarily one that has achieved the objective." ([Leba95, S. 26]). In diesem Zusammenhang werden regelmäßig Ergebnisse anhand von Kennzahlen auf ihre vorgegebenen Ziele bemessen und ausgewertet. Das Ergebnis dieses Vorgangs zeigt auf, ob die Performance von Aktivitäten positiv oder negativ zu bewerten sind (vgl. [Leba95, S. 24f.]).

Des Weiteren ist die Definition von Performance situationsspezifisch und hängt stark von den mitwirkenden Entscheidungsträgern ab. Diesbezüglich schlägt LEBAS vor, für jeden spezifischen Fall ein Kausalmodell zu erstellen. Dieses Modell zeigt die Zusammenhänge auf, die zum Erreichen eines Zieles beitragen und allesamt Auswirkungen auf die Performance haben. Folgende Performance-relevante Fragen gilt es durch ein Kausalmodell zu beantworten (vgl. [Leba95, S. 27 ff.]):

1. Was soll erreicht werden (Ziel)?
2. Wann soll es erreicht werden (Zeit)
3. Wie soll es erreicht werden (Weg)?

Abbildung 5 zeigt ein Beispiel für eine abstrakte Variante des Kausalmodells nach LEBAS.

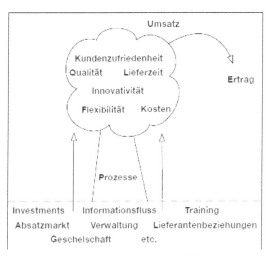

Abbildung 5: The performance causal model (in Anlehnung an [Leba95, S. 28])

Das Ziel dieses Beispiels ist die Steigerung des Ertrags. Der vorangestellte Umsatz ist das Ergebnis von Performance-Faktoren wie Kundenzufriedenheit, Flexibilität oder Kosten, die eine treibende Kraft zur Erzielung des Ertrages darstellen. Kosten und Flexibilität wiederum resultieren aus einer Verkettung von Prozessen, die ihren Input aus Faktoren wie Investments, Lieferantenbeziehungen oder Marktbedingungen beziehen. Somit definiert LEBAS Performance über die Fähigkeit, alle Bestandteile des Kausalmodells in einen Zusammenhang zu bringen, um aus einem gegeben Input einen gewünschten Output zu erzielen:

„Performance is about deploying and managing well he components of the causal model(s) that lead to the timely attainment of stated objectives within constraints specific to the firm and to the situation." ([Leba95, S.29]).

2.3.2 Performance Measures

Die Erfassung der organisationsbezogenen Performance ist der entscheidende Faktor, um unternehmerische Strategien und Ziele in die Realität umzusetzen. So können Problempunkte rechtzeitig aufgedeckt und Lösungswege erarbeitet werden. Für Unternehmen ist es essenziel wichtig, die richtigen Leistungsindikatoren zu definieren und herauszustellen wie diese mit den formulierten Zielen und den daraus resultierenden Prozessen in Zusammenhang stehen (vgl. [PoSh10, S. 505]).

Das Hauptziel der Leistungserfassung ist es, erfasste mit neu zu erfassenden Daten zu vergleichen und die richtigen Entschlüsse aus den Ergebnissen zu ziehen, um die Qualität der Prozesse oder der Produkte eines Unternehmens zu verbessen oder zu überarbeiten (vgl. [Kaga13, S. 69]).

FORTUIN folgt dieser Ansicht und definiert Performance Measures als Variablen, welche die Effektivität und Effizienz eines Prozesses, Unterprozesses oder Systems gegen ein definiertes Ziel aufzeigen: „A Performance Indicator is a variable indicating the effectiveness and/or efficiency of a part or whole of the process or system against a given norm/target or plan." ([Fort88, S. 2]).

Dies gilt neben großen Unternehmen ebenso für mittelständische Unternehmen. Auf der einen Seite neigen mittelständische Unternehmen jedoch dazu, sich gegen eine systematische Leistungserfassung der Performance durch geeignete Performance Measures auszusprechen. Gründe, die dazu genannt werden, sind fehlende qualifizierte Mitarbeiter und ein fehlendes Know-how der Führungsebene (vgl. [Kaga13, S. 70]).

Auf der anderen Seite sind klassische finanzielle Kennzahlensysteme zwar in manchen mittelständischen Unternehmen vorhanden, jedoch werden Performance Measures teilweise ungeeignet definiert oder nur unzureichend voneinander abgegrenzt. KAGANSKI nennt dazu folgende Punkte, die einem Leitfaden zur erfolgreichen Selektion und Implementierung von Performance Measures ähneln (vgl. [Kaga13], S. 70):

- Auswahl der richtigen Informationen zu vorab definierten Performance Measures

- Verknüpfung von Performance Measures und Unternehmensstrategie

- Monitoring und Auswahl der Performance Measures zur richtigen Zeit
- Verständnis über die Bedeutung der gesammelten Daten und Ziehen der richtigen Schlüsse zur Verbesserung

PARMENTER nennt vier voneinander zu unterscheidende Typen von Performance Measures, die allesamt vom Management zur Messung, Berichtserstattung oder Steigerung der Performance eingesetzt werden (vgl. [Parm15, S. 4]) :

- **Result Indicators** (RIs) berichten dem Management über die erbrachten Ergebnisse von Teams oder einzelnen Personen (numerisch).

- **Key Result Indicators** (KRIs) geben dem Management eine zusammengefasste Auskunft über die Gesamt-Ergebnisse des Unternehmens (numerisch).

- **Performance Indicators** (PIs) berichten dem Management was Teams oder einzelne Personen an Performance erzielen.

- **Key Performance Indicators** (KPIs) berichten dem Management wie das Unternehmen in erfolgskritischen Bereichen agiert und ermöglichen durch ein gezieltes Monitoring und eine darauf folgende Auswertung eine drastische Verbesserung der Unternehmens-Performance.

Die folgende Analogie des Kugelschalenmodells, angelehnt an das Zwiebelmodell nach PARMENTER [Parm07], beschreibt in Abbildung 6 den Zusammenhang der vier verschiedenen Leistungskennzahlen in einer einfach, aber schlüssigen Art und Weise. Die am weitesten außen liegende Kugelschale (Erdkruste) beschreibt als KRI den Zustand und das Erscheinungsbild der Erde. Die im Zentrum des Modells liegende Erdkern steht für die treibende Kraft, die KPIs. Zwischen Erdkruste und Erdkern liegen die Kugelschalen der PIs und RIs, die Erdkruste und Erdkern zusammenhalten.

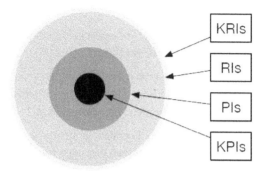

Abbildung 6: Die vier Typen von Leistungsindikatoren (in Anlehnung an [Parm07, S. 2]).

2.3.2.1 Performance- und Result Indicators (PIs und RIs)

PIs und RIs bilden in Bezug auf Abbildung 6 die Bereiche zwischen dem äußersten Mantel (KRIs) und dem Kern (KPIs) ab. PIs sind zwar wichtige Leistungskennzahlen, aber im Unterschied zu KPIs nicht der Schlüssel zum Unternehmenserfolg. Sie ergänzen die KPIs um die nicht-finanziellen Leistungskennzahlen. Weiterhin unterstützen sie die ausführenden Teams, sich an der Unternehmensstrategie zu orientieren, um auf lange Sicht die Unternehmensziele nicht aus dem Auge zu verlieren. Result Indicators fassen die Tätigkeiten zusammen, die zu einem Ergebnis geführt haben und bilden diese numerisch ab. Sie berichten nicht wie man die Performance der Tätigkeiten verbessern kann. Zudem sind alle finanziellen Leistungskennzahlen RIs (vgl. [Parm15, S. 5ff.]).

2.3.2.2 Key Performance Indicators (KPIs)

Bis zum heutigen Tage wurden zahlreiche Definitionsansätze für KPIs von verschiedenen Autoren in unterschiedlichen Ausführungen erarbeitet. Die Internationale Organisation für Normung (ISO) führte im Jahr 2014 einen internationalen Standard für die Definition von KPIs ein. Nach ISO 22400 sind KPIs quantifizierbare und strategische Maße, die ausschlaggebende Erfolgsfaktoren von Unternehmen widerspiegeln. Zudem werden KPIs mithilfe von Aggregatfunktionen von numerischen Daten oder anderen KPIs abgeleitet (vgl. [DinE14]).

In Abbildung 6 bilden sie den Erdkern ab und fassen alle für den Unternehmenserfolg kritischen Indikatoren zusammen. Nach ECKERSON [Ecke09] verfolgen KPIs eine strategische Zielvorgabe und bemessen die Performance nach einem vordefinierten Ziel. Folgende Punkte sind dabei feste Bestandteile eines KPIs (vgl. [Ecke09, S. 6]):

- **Strategy**: KPIs haben eine zugrunde liegende strategische Zielausrichtung.
- **Targets**: KPIs messen die Performance einer konkreten Zielvorgabe.
- **Ranges**: KPIs haben je Zielvorgabe vordefinierte Performance-Bereiche (oberhalb, unterhalb, erfasst).
- **Encodings**: Performance-Bereiche von KPIs werden farblich mithilfe von Dashboards, Berichten oder einfachen Grafiken visuell aufbereitet.
- **Time Frames**: KPIs haben eine festgelegten Zeitrahmen, innerhalb dessen die vordefinierten Ziele erreicht werden müssen.
- **Benchmarks**: KPIs werden entgegen einer Benchmark verglichen (Werte aus dem vorherigen Jahr oder externe Vergleichswerte).

Weiterhin benennt ECKERSON folgende Punkte, die eine Richtlinie für Unternehmen darstellen, um zeilführender gewinnbringende KPIs zu definieren (vgl. [Ecke09, S. 18ff.]):

- **Sparse**: Je weniger KPIs, desto besser
- **Drillable**: Anwender können bis tief ins Detail gehen
- **Simple**: Die Bedeutung eines KPIs ist leicht verständlich
- **Actionable**: Anwender wissen wie Ergebnisse beeinflusst werden können
- **Owned**: Jeder KPI ist einem Besitzer zugeordnet
- **Referenced**: Anwender kennen den Hintergrund und den Zusammenhang
- **Correlated**: KPIs liefern das gewünschte Resultat
- **Balanced**: KPIs bestehen aus finanziellen und nicht finanziellen Maßen
- **Aligned**: KPIs stehen nicht im Konflikt untereinander
- **Validated**: Anwender können KPIs nicht umgehen

KPIs sind finanzielle und nicht finanzielle Indikatoren, die Unternehmen offenlegen wie erfolgreich sie in der Erzielung von definierten langfristigen Zielen waren. (vgl. [VeVS11, S. 63]). KERZNER [Kerz15] erörtert den Unterschied zwischen einfachen numerischen Kennzahlen und KPIs. Numerische Kennzahlen geben zwar Auskunft, ob etwas gut oder schlecht läuft, bieten aber keine Informationen auf wie die Performance verbessert werden kann. KPIs müssen mehr Informationen liefern als nur reine numerische Werte. Dazu gliedert er das Verständnis von KPIs in die einzelnen Wortlaute auf (vgl. [Kerz15, S. 14]):

- **Key**: Hauptbeitrag zu Erfolg oder Misserfolg eines Projektes
- **Performance**: Eine Metrik, die messbar, quantifizierbar, anpassbar und kontrollierbar ist. Sie muss kontrollierbar sein, um die Performance verbessern zu können.
- **Indicator**: Verständliche Darstellung von gegenwärtiger und zukünftiger Performance

2.3.2.3 Key Result Indicators (KRI)

Die Key Result Indicators sind in Abbildung 6 als äußerste Schicht des Kugelschalen-Modells zu verstehen. KRIs werden oftmals fälschlicherweise als KPIs ausgegeben. Das weitverbreitete Merkmal von KRIs ist das Zusammenfassen von allen Tätigkeiten, die von Teams oder einzelnen Personen ausgeführt werden, zu einem Ergebnis. Sie geben eine klare Auskunft darüber, ob ein Unternehmen mit den erzielten Ergebnissen auf dem richtigen Weg ist, vorab definierte Ziele zu erreichen (vgl. [Parm15, S. 4f.]).

Key Result Indicators beziehen sie sich im Vergleich zu Result Indicators auf eine längere Zeitperiode und sind das Ergebnis eines Prozesses, der über einen längeren Zeitraum ausgeführt wurde. KRIs beziehen sich nicht auf einen täglichen- oder wöchentlichen Zeitraum. Darüber hinaus dienen KRIs ausschließlich der Berichterstattung gegenüber dem Management und geben nicht an, was geändert werden muss, um Ziele zu erreichen oder Ergebnisse zu verbessern (vgl. [Parm07, S. 2f.]).

2.3.3 Performance Measurement (PM) in mittelständischen Unternehmen

> „Performance Measurement ist der Prozess, in dem Leistungskenngrößen definiert, deren Messung implementiert und das Monitoring und die Berichterstattung durchgeführt werden" ([Böck10, S. 64]).

Das Interesse an der Leistungserfassung der eigenen Business Performance stieg über die letzten dreißig Jahre entscheidend an. Seit Mitte der 1980er-Jahre ist der Bereich des Performance Measurements einer stetig steigenden Nachfrage ausgesetzt (vgl. [GaBB05, S.25]). NEELY et al. [Neel99] nennt folgende sieben Haupt-gründe für die stark steigende Nachfrage nach Performance Measurement in den letzten Jahren (vgl. [Neel99, S. 210]):

- Sich ändernde Arbeitsumstände (Prozessautomatisierung)
- Ansteigender Wettbewerbsdruck
- Bereits vorhandene, aber isolierte Initiativen zur Performance-Steige-rung
- Nationale und internationale Awards als Leistungserkennung
- Entwicklung einer ausgewogenen Sicht auf die Leistungserfassung (fi-nanzielle und nicht finanzielle Faktoren)
- Transparenz der Performance (intern und extern)
- Entwicklung von Informationssystem in der Datenerfassung und -Ana-lyse

Im Allgemeinen ist eine Evolution weg von dem Fokus auf ausschließlich finanzielle hin zu einer ausgewogenen Betrachtungsweise inklusive nichtfinanzieller Fakto-ren zu erkennen. Ansteigender Wettbewerbsdruck, kontinuierliches Wachstum und entscheidende Entwicklungen in der Informationstechnologie führten in der Vergangenheit zu einer guten Ausgangslage für die Einführung von PM auch in mit-telständischen Unternehmen (vgl. [TaCB08, S. 2]).

NEELY [Neel99] stellt folgende Hauptkritikpunkte zusammen, die eine Evolution weg von einer reinen finanziellen Betrachtungsweise rechtfertigen (vgl. [Neel99, S. 206]:

- Finanzielle Kennzahlen beziehen sich auf einen zu kurzen Zeitraum
- Unzureichender strategischer Fokus finanzieller Kennzahlen
- Finanzielle Kennzahlen ermöglichen keine allumfassenden Optimie-rungspotentiale
- Finanzielle Kennzahlen geben keine Auskunft über die Wünsche von Kunden und wie Konkurrenten abschneiden

TATICCHI et al. [TaCB08] stellt Faktoren und Charakteristiken zusammen, die PM in mittelständischen Unternehmen beeinflussen und auszeichnen (vgl. [TaCB08, S. 8f.]): Faktoren, die PM in mittelständischen Unternehmen beeinflussen

- Hoher Schwierigkeitsgrad der Integration in die Unternehmensstruktur
- PM wird entweder gar nicht berücksichtigt oder falsch integriert

- Keine holistische Ausrichtung
- PM-Ansätze in mittelständischen Unternehmen sind informal und basieren nicht auf einem zugrundeliegenden Framework oder Modell
- Ressourcen und Know-how zur Datenanalyse sind in mittelständischen Unternehmen eher beschränkt vorhanden
- Charakteristiken von mittelständischen Unternehmen, die Anforderungen an die PM- Modellierung stellen
- Reaktives Handeln und „Fire-Fighting"-Mentalität im operativen Geschäft
- Limitierte Ressourcen (Mitarbeiter, Investments, etc.)
- Nicht festgelegte oder dynamische Unternehmensstrategien
- Flache und flexible Strukturen
- Hohes innovationspotential
- Geringere Anzahl an Kunden und Fokus auf Nischenmärkte

2.4 Performance-Measurement-Systeme (PMS)

Der Einsatz von klassischen Kennzahlen und Kennzahlensystemen, als Instrumente des operativen und strategischen Controllings, ist in vielen Unternehmen ein Standard, um komplexe Sachverhalte in komprimierter Form darzustellen. Dabei sind Kennzahlen in absoluten Zahlen und Verhältniszahlen zu unterscheiden (vgl. [Brech12, S. 171f.]). Ein in der Literatur oft genannter Kritikpunkt ist, dass Kennzahlen und Kennzahlensysteme zu stark auf die finanzielle Sicht und weniger auf die nicht finanzielle Sicht ausgerichtet sind. Dieser Ansatz reicht nicht aus, um ein Unternehmen holistisch zu betrachten und die gesamte Performance zu erfassen (vgl. [KaNo92, S. 72]). Zudem kritisieren manche Autoren die vergangenheitsorientierte Ausrichtung von klassischen Kennzahlensystemen. So sagt ECCLES [Eccl91], dass reine finanzielle Kennzahlen besser dazu geeignet sind, die Entscheidungen von gestern zu messen, aber nicht die Performance von morgen anzudeuten (vgl. [Eccl91, S. 132]). Moderne Performance-Measurement-Systeme treten diesen Schwächen entgegen und betrachten die Performance von Unternehmen holistisch gleichermaßen auf finanzieller und nicht-finanzieller Ebene. NEELY et al. definiert ein Performance-Measurement-System grundsätzlich als „[...] set of metrics used to quantify both the efficency and effectiveness of actions." ([NeGP95, S. 81]). Abbildung 7 verdeutlicht diesen Zusammenhang. Performance Measures bilden die kleinste Einheit und sind als individuelle Maße zu verstehen, um die Effizienz oder

Effektivität einer Aktivität zu messen. Mehrere Performance Measures bilden in ihrer Zusammenstellung aus finanziellen und nicht-finanziellen Maßen ein Performance- Measurement-System. Dieses wiederum ist Teil des gesamten Performance Measurement Prozesses, der von Unternehmen durchlaufen wird. Unternehmen stehen in Wechselwirkung mit ihrer Umwelt. Dieser Austausch steht für die ausgewogene Ausrichtung von Performance-Measurement-Systemen. Neben finanziellen Kennzahlen gilt es beispielsweise gleichermaßen Kundenaspekte, Lieferantenaspekte oder Gesellschaftsaspekte in die Leistungserfassung miteinzubeziehen.

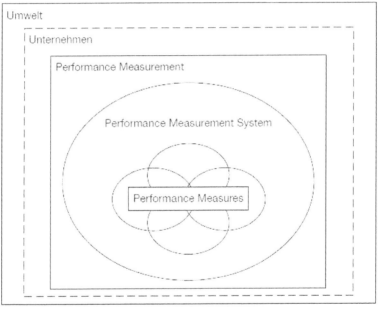

Abbildung 7: Definition Performance-Measurement-Systeme (in Anlehnung an [NeGP95, S. 81]).

Performance-Measurement-Systeme unterscheiden sich in zwei Ansätzen, die sich im Laufe der Jahre herausgebildet haben. Neben der oben aufgeführten und weit verbreiteten Definition nach NEELY verfolgt KUENG et al. [KuMW00] einen IT-basierten Ansatz und definiert ein Performance-Measurement-System als IT-System, welches Performance relevante Daten von verschiedenen Datenquellen bezieht und aktuelle Werte ins Verhältnis zu historischen Werten und Zielwerten setzt (vgl. [KuMW00, S. 318]).

In einer weiteren Ausarbeitung definiert KUENG et al. [KuWL01] besondere Anforderungen an ein IT-seitiges PMS (vgl. [KuWL01, S. 350]):

- Das System muss in der Lage sein, finanzielle und nichtfinanzielle Daten
  zu erfassen.

- Externe und interne Daten müssen erfasst werden können.

- Es muss möglich sein entweder von verschiedenen elektronischen Quellen oder manuell Daten in das System zu laden.

- Die Performance relevanten Daten müssen permanent gespeichert werden, um diese über eine lange Zeitperiode analysieren zu können.

- Die Performance Daten müssen für verschiedene Mitarbeiter auf verschiedenen Ebenen mit den jeweiligen Berechtigungen versehen werden. Prozessverantwortliche beispielsweise haben einen anderen Infor-
  mationsbedarf als Geschäftsführer.

- Die Benutzerfreundlichkeit muss durch eine intuitive Benutzeroberflä-
  che gegeben sein.

- Ein PMS muss nicht nur die aktuellen Performance-Daten, sondern
  gleichzeitig die definierten Zielwerte in Betracht ziehen können.

- Ergebnisse müssen automatisch an die betreffenden Mitarbeiter durch
  bereitgestellte Funktion weitergeleitet werden.

2.4.1 Bestehende PMS-Ansätze

Die mit am weitesten verbreiteten PMS-Frameworks, die eine ganzheitliche Sicht
auf ein Unternehmen ermöglichen sind die Balanced Scorecard nach KAPLAN und
NORTON [KaNo92] die Performance Prism nach NEELY et al. [NeAC01] und die Performance Pyramid nach LYNCH und CROSS [LyCr92, S. 65]. Diese werden in den
folgenden Abschnitten vorgestellt.

2.4.1.1 Balanced Scorecard

Das am weitesten verbreitete Performance-Measurement-System ist das Balaced
Scorecard- Framework nach Kaplan und Norton [KaNo92]. Es unterstützt das Management, eine ausgewogene Sicht auf die für den Unternehmenserfolg kritischen
Unternehmensbereiche zu verfolgen. Einzelne isolierte Kennzahlen liefern keine
ausreichende Auskunft über unternehmensweite Performance-Ziele oder die aktuelle und zukünftige Unternehmens- Performance. Die Kombination von gleicher-

maßen finanziellen und nicht-finanziellen Kennzahlen zu Kundenzufriedenheit oder internen Prozessen hingegen bietet dem Management nicht nur eine historische Sicht auf die Performance, sondern legt den Grundstein zukünftiger Performance-Steigerung (vgl. [Kano92, S. 71]).

Die Balanced Scorecard ermöglicht dem Management ein Unternehmen aus vier für die Performance wichtigen Perspektiven (siehe Abbildung 8) zu betrachten und liefert Antworten auf die folgenden Fragen (vgl. [Kano92, S. 72]):

- Wie sehen uns unsere Kunden (Kundenperspektive)?
- Wo müssen wir herausragend sein (Interne Perspektive)?
- Können wir weiterhin den Unternehmenswert verbessern und vergrößern (Innovation- und Lernperspektive)?
- Wie sehen wir unsere Shareholder (Finanzperspektive)?

Die Balanced Scorecard kann somit als Erweiterung traditioneller finanzieller Kennzahlensysteme gesehen werden (vgl. [KaNo96, S. 3].

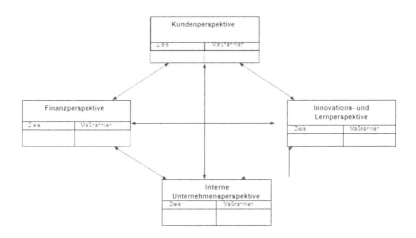

Abbildung 8: Die Balanced Scorecard – Perspektiven (in Anlehnung an [KaNo92, S. 72]).

2.4.1.2 Performance Pyramid

Das von LYNCH und CROSS [LyCr92] entworfene Performance Pyramid-Modell symbolisiert eine Pyramide, die aus vier Ebenen besteht. Innerhalb dieser Ebenen werden die Unternehmensstrategie, die strategischen Geschäftsbereiche und die strategischen Geschäftstätigkeiten in einen Zusammenhang gebracht. Nach dem

Top-Down-Ansatz werden die Unternehmensziele auf die darunter liegenden Ebenen überführt. Entgegengesetzt werden nach dem Bottom-Up-Ansatz die nach der Unternehmensstrategie definierten Kennzahlen den darüber liegenden Ebenen zugeordnet (vgl. [LyCr92, S. 64ff.]).

Abbildung 9 illustriert den Aufbau der Performance Pyramid. Auf oberste Ebene wird die Unternehmensstrategie von dem Management festgelegt. Auf zweiter Ebene werden die strategischen Ziele aus Markt- und Finanzsicht definiert und formuliert wie diese erreicht werden können. Die dritte Ebene präsentiert definierte operative Ziele und Prioritäten in den Bereichen Kundenzufriedenheit, Flexibilität und Produktivität. Auf unterster Ebene werden Ziele in spezifische Geschäftskriterien, die wichtig für das Erreichen der Geschäftsziele sind, überführt. Das Modell folgt einer ausbalancierten Logik. Es zieht gleichermaßen Kundenzufriedenheit (z.B. Kundenzufriedenheit, Qualität und Lieferung) und operative Tätigkeiten (z.B. Produktivität) in Betracht (vgl. [LyCr92, S. 66]).

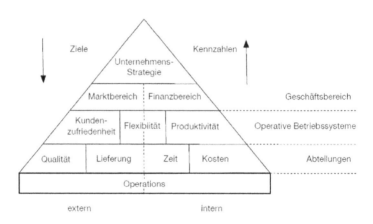

Abbildung 9: Performance Pyramid (in Anlehnung an [LyCr92, S. 65]).

2.4.1.3 Performance Prism

> „A prism refracts light. It illustrates the hidden complexity of something as apparently simple as white light. So it is with the Performance Prism. It illustrates the true complexity of performance measurement and management." (Neely et al. [NeAK02])

Das von NEELY et al. [NeAK02] konzipierte Performance Prism-Framework verfolgt den Ansatz der umfassenden Stakeholder-Fokussierung. Unternehmen können nach NEELY et al. nur dann langfristig erfolgreich sein, wenn sie den Wünschen und Bedürfnissen der jeweiligen internen und externen Personengruppen nachgehen. Demzufolge sind die Belange der Stakeholder mit oberster Priorität zu versehen (vgl. [NeAK02, S. 158ff.]). Das Framework unterstützt die Führungsebene dabei, ein PMS zu bilden, welches die in Abbildung 10 dargestellten fünf zentralen Fragestellungen des Performance Prism-Ansatzes beantwortet.

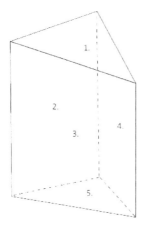

1. Stakeholder
Wer sind unsere Stakeholder und
was sind ihre Wünsche und Bedürfnisse?

2. Strategien
Welchen Strategien müssen wir nachgehen,
um alle Bedürfnisse und Wünsche zu befriedigen?

3. Prozesse
Welche Prozesse müssen definiert werden,
um alle Bedürfnisse und Wünsche zu befriedigen?

4. Ressourcen
Welche Ressourcen müssen wir berücksichtigen,
um unsere Prozesse effektiver und effizienter zu gestalten?

5. Stakeholder-Beitrag
Was sind unsere Wünsche und
Bedürfnisse gegenüber unseren Stakeholdern?

Abbildung 10: Die fünf Seiten der Performance Prism (in Anlehnung an [NeAC01, S. 12]).

Die Performance Prism besteht aus fünf in gegenseitiger Beziehung stehenden Aspekten, die allesamt einen Einfluss auf die Performance und den Erfolg eines Unternehmens haben. Der erste Aspekt umfasst die genaue Definition der Stakeholder eines Unternehmens. Im Vergleich zu dem Ansatz der Balanced Scorecard, die lediglich Shareholder und Kunden in Betracht zieht, ist die Betrachtung der Stakeholder nach dem Performance Prism-Ansatz allgemeiner gehalten. Gleichermaßen werden beispielsweise Mitarbeiter oder Lieferanten als wichtige Performance-Faktoren miteinbezogen. Der zweite Aspekt bezieht sich auf die strategische Ausrichtung des Unternehmens, um die Wünsche und Bedürfnisse der Stakeholder zu erfüllen. Der dritte Aspekt bildet die logische Basis zur Umsetzung der Strategie in Form von Prozess-Definitionen (vgl. [NeAC01, S. 6f.]).

2.4.2 Modellierungsphasen eines PMS

In der Literatur gibt es nur wenige Forschungsansätze über die Modellierungsphasen eines PMS. Vorwiegend wurden in der Vergangenheit ausgewogene oder multidimensionale PMS- Frameworks entwickelt. Es wird nur sporadisch aufgezeigt, wie einzelne Frameworks konkret in den einzelnen Phasen implementiert werden können (vgl. [Bour00, S. 754f.]). BOURNES [Bour00] unterteilt die Phasen der PMS-Modellierung grob in die drei Phasen Design, Implementierung und Anwendung (vgl. [Bour00, S. 757]). Dieser Ansatz lässt sich mit den von NEELY et al. [NeGP95] zusammengefassten neun Schritten zur PMS-Modellierung kombinieten und folglich aufgliedern (vgl. [NeGP95, S. 101]):

Designphase

1. Ausmachen der Unternehmensvision, des Unternehmensleitbildes

2. Ausmachen der auf der Unternehmensvision aufbauenden Unternehmenszielen

3. Entwicklung eines Verständnisses der Rollen eines jeden Funktionsbereiches in der Erreichung der Unternehmensziele

4. Für jeden Funktionsbereich: Entwicklung von globalen Performance Measures zur Definition der Wettbewerbsposition

Implementierungsphase

5. Kommunikation strategischer Ziele und von Performance-Zielen auf alle Ebenen des Unternehmens. Errichten von weiteren untergeordneten Performance Measures auf allen Unternehmensebenen

6. Sicherstellung der Konsistenz von strategischen Zielen entlang den Performance- Kriterien auf jeder Ebene

7. Sicherstellung der Kompatibilität der Performance Measures in jedem Funktionsbereich

Anwendungsphase

8. Anwendung des PMS zur Identifikation der Konkurrenzposition und Ausmachen von Problembereichen. Unterstützung des Unternehmens in der laufenden Anpassung des PMS an die strategischen Ziele und Ausmachen von taktischen Entscheidungen, um diese zu erreichen. Feedback nach der Implementierung

9. Periodische Evaluierung der Eignung des PMS in Bezug auf die laufende Wettbewerbsumgebung

2.4.3 Schwächen bestehender PMS-Frameworks

KUENG et al. [KuWL01] führte an der Universität Fribourg in der Schweiz eine Studie zu der Implementierung von PMS in Unternehmen durch und kam zu folgenden Schwächen bestehender PMS-Frameworks (vgl. [KuWL01, S. 349]):

- Bisherige Performance Measurement-Ansätze beziehen sich zu stark auf finanzielle Performance Indicators. Eine ganzheitliche Leistungsmessung und Leistungsbeurteilung existiert in den meisten Unternehmen nicht.

- Geschäftsprozesse werden nicht oder nur unzureichend systematisch gemessen. Leistungsmessung findet auf Abteilungs- oder Geschäftsbereichsebene, aber nicht auf Prozessebene statt.

- Performance-Daten sind erst nach einer beachtlichen Verzögerungszeit zugänglich. Performance-Daten werden in vielen Unternehme aus einer Vielzahl von Systemen exportiert und zumeist händisch nachträglich eingepflegt. Bei einer unzureichenden IT-Integration kann dieser Vorgang sehr zeitintensiv werden und Performance- Berichte werden zu spät zur Verfügung gestellt.

- Der Zugang zu Performance-Daten ist kompliziert. Performance relevante Daten sind über mehrere Systeme und Medien in verschiedenen Formaten (elektronisch oder auf Papier) verstreut. Des Weiteren führt dezentrales Datenmanagement zu inkonsistenten Daten.

2.5 PMS für mittelständische Unternehmen

Als Bestandteil des Performance Measurements ähneln die Charakteristiken von PMS in mittelständischen Unternehmen den Charakteristiken von Performance Measurement im Mittelstand. Dies kann zu Doppelnennung führen. Die im Folgenden genannten Aspekte beziehen sich an dieser Stelle auf Performance Measurement als System und nicht auf Performance Measurement als Prozess (siehe Abschnitt 2.3.3.).

In den letzten Jahren führten signifikante Veränderungen im Umfeld von Unternehmen zu optimalen Voraussetzungen für die Implementierung von PMS in mittelständischen Unternehmen. Die ansteigende Komplexität der Unternehmensstruktur von mittelständischen Unternehmen, der steigende Wettbewerbsdruck durch die Globalisierung des Marktes, die Entwicklung des Qualitätsverständnisses, das stetige Streben nach Fortschritt und Verbesserung und die signifikante Entwicklungen in der Informationstechnologie in mittelständischen Unternehmen schaffen eine neue Ausgangslage für die Implementierung von PMS in mittelständischen Unternehmen. Vielmehr stellen sie eine Voraussetzung für eine anhaltende Wettbewerbsfähigkeit dar. (vgl. [GaBB05, S. 26], [TeRU01, S. 1]).

Mittelständische Unternehmen verfügen zumeist nicht über die benötigen finanziellen Ressourcen, um ein investitionsstarke Projekte zu stemmen. Darüber hinaus verfügen sie i.d.r. nicht über die benötigten Fachkräfte, um ein PMS erfolgreich zu implementieren und zu pflegen. Führungskräfte in mittelständischen Unternehmen sind größtenteils mit den Aufgaben des Tagesgeschäftes beschäftigt und können weniger Zeit in interne Projekte investieren (vgl. [KuMW00, S. 253]).

Bis zum heutigen Tage existieren nur wenige empirische Studien und theoretische Forschungsarbeiten, die sich mit der Verbreitung von PMS in mittelständischen Unternehmen befassen. Bereits existierende Methoden zur Performance-Erfassung und zur Implementierung von PMS wurden vorrangig für große Unternehmen konzipiert.

Mittelständische Unternehmen weisen jedoch signifikante Unterschiede hinsichtlich Anforderungen und Implementierungsprozess von PMS im Vergleich zu großen Unternehmen auf, die von bisherigen Ansätzen nicht berücksichtigt werden (vgl. [Teru01, S. 1f.]).

Basierend auf GARENGO et al. [GaBB05] gibt es fünf Charakteristiken, die eine aktuelle Ausgangslage für die Nutzung von PMS in mittelständischen Unternehmen beschreiben. GARENGO fasst diese Charakteristiken folglich zusammen (vgl. [GaBB05, S. 18f.]):

- PMS-Projekte werden aufgrund von fehlender Zeit für nicht operative Aktivitäten oder fehlendem Einbezug von Führungskräften nicht bis zur Integration durchgeführt ([TeRU01]).

- Mittelständische Unternehmen nutzen entweder keine PMS oder integrieren nur einige Bestandteile eines PMS-Modells, ohne die Auswirkungen durch das Weglassen der Dimensionen zu prüfen.

- Performance Measurement-Ansätze bilden das Unternehmen nicht ganzheitlich ab.

- PMS-Ansätze in mittelständischen Unternehmen folgen keinem einheitlichen Modell

- Daten werden aufgrund von knappen Ressourcen nur unzureichend ausgewertet und aufgearbeitet.

Weitergehend fassen GARENGO et al. (vgl. [GaBB05, S. 29f.]) und TENHUNEN et al. (vgl. [TeRU01, S. 1ff.]) Faktoren zusammen, die aufbauend auf den genannten Charakteristiken eine Implementierung eines PMS in einem mittelständischen Unternehmen erschweren:

- Fehlendes (qualifiziertes) Personal
- Beschränkte finanzielle Ressourcen
- Kein proaktives Handeln der Führungsebene
- Prozesse werden nur selten an der Unternehmensstrategie ausgerichtet
- Limitierte Zeit neben dem operativen Geschäft

Die genannten Charakteristiken und Faktoren, die eine Implementierung eines PMS in mittelständischen Unternehmen erschweren führen zu einer einfachen, aber zielführenden Aussage, was ein PMS in mittelständischen Unternehmen ausmachen sollte. Mittelständische Unternehmen brauchen ein einfaches und verständliches PMS, welches die kritischen Faktoren der Unternehmensaktivitäten abbildet. Der Implementierungsprozess sollte aufgrund begrenzter Ressourcen unkompliziert sein. Darüber hinaus sollten die Performance Measures an der Unternehmensstrategie und -vision ausgerichtet sein und sich auf das operative Geschäft fokussieren (vgl. [TeRU01, S. 4]). In den meisten Fällen zeichnen mittelständische Unternehmen ein fehlendes Risk Management und eine nicht zielorientierte Entscheidungsfindung aus. Ein PMS kann dazu beitragen, dass finanzielle Risiken minimiert und Entscheidungen fundierter getroffen werden (vgl. [Barn98, S. 86f.]).

2.5.1 Bestehende PMS-Ansätze für mittelständische Unternehmen

Neben traditionellen Kennzahlensystemen fanden in der Vergangenheit Abwandlungen der Balanced Scorecard in mittelständischen Unternehmen Anwendung. Darüber hinaus wurden einige Ansätze konzipiert, die besondere Anforderungen mittelständischer Unternehmen miteinbeziehen. In der Literatur bereits bekannte und teilweise diskutierte PMS-Frameworks sind das Integrated Performance-Measurement-System (IPMS) nach LAITINEN [Lait02], das Organisational Performance-Measurement-System (OPM) nach CHENNEL et al. [Chen00] und das Performance Measurement and Management Control Framework (PMMC) nach JAMAL und MOHAMED [Jamo11]. Diese werden in den folgenden Abschnitten vorgestellt.

2.5.1.1 Integrated Performance-Measurement-System (IPMS)

Das IPMS nach LAITINEN [Lait02] ist ein hybrides Kosteninformationssystem, welches die traditionelle Kostensicht mit dem Activity Based Costing-Ansatz (ABC) in einer Kausalkette vereint (vgl. Abbildung 11). Nach dem ABC-Ansatz werden die Kosten der Ressourcen, die zur Durchführung der Geschäftsaktivitäten benötigt werden den jeweiligen Aktivitäten zugeordnet und zu Aktivitätskosten zusammengefasst. Diese wiederum werden schlussendlich direkt dem betrieblichen Output zugeordnet (vgl. [Coop92, S. 11]). Das IMPS nach Laitinen fasst sieben Prozessschritte in einer Kausalkette zusammen. Die Prozessschritte lassen sich in externe (Ertragslage, Wettbewerbsfähigkeit) und interne (Kosten, Produktionsfaktoren, Aktivitäten, Produkte und Erträge) Performance-Faktoren untergliedern. Das Prinzip der Kausalkette ist die Nachverfolgung von Ressourcen von ihrer ersten Kostenzuweisung bis hin zur Erzielung von Ergebnissen in Form von Erträgen (vgl. [Lait02, S. 95]).

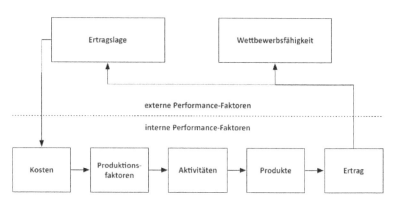

Abbildung 11: Integrated Performance-Measurement-System (in Anlehnung an [Lait02, S. 79]).

2.5.1.2 Organisational Performance Measurement (OPM)

Das OPM-Framework ist ein Performance-Measurement-System, welches auf den drei Prinzipien Anpassung, Prozessorientierung und Praktikabilität basiert. Nach CHENNEL et al. [Chen00] sollen Mitarbeiter beispielsweise dazu motiviert werden, ihren Aufwand der strategischen Ausrichtung des Unternehmens anzupassen (Anpassung). Der Fokus des OPM- Frameworks liegt auf einer prozessorientierten Ausrichtung des Unternehmens. Eine Steigerung der Unternehmensperformance wird nach CHENNELL mit der Verbesserung und Optimierung der Geschäftsprozesse erzeugt. Wichtige Bereiche sind die Prozessüberwachung, -kontrolle und -optimierung (Prozessorientierung). Außerdem sollte unternehmensweit eine konsistente Vorgehensweise zur Identifikation von Performance Measures definiert werden, um deren Anwendbarkeit und Qualität gewährleisten zu können (Praktikabilität) (vgl. [Chenn00, S. 2ff.]).

Abbildung 12 zeigt den Aufbau des OPM-Systems. Die „Zone of management" unterteilt das Management eines Unternehmens in eine strategische, organisatorische und operative Ebene. Auf operativer Ebene wird die Performance der jeweiligen Geschäftsprozesse erfasst. Aufbauend auf den Process Measures werden auf organisatorischer Ebene alle für den Unternehmenserfolg kritischen Faktoren in Form von KPIs zusammengefasst. Success Measures berichten auf der strategischen Ebene dem Management, ob vorab gesetzte Zielwerte erreicht werden konnten. Die für den Unternehmenserfolg und -wachstum sensiblen Faktoren werden in dem Bereich „Value-adding areas" (Community, Business, Customers, People und Partners) dargestellt.

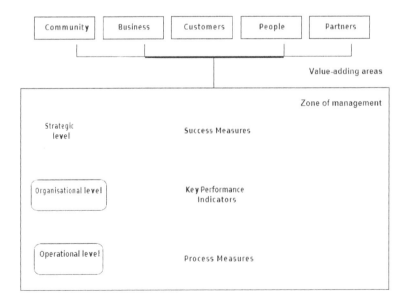

Abbildung 12: Das OPM-System (in Anlehnung an [Chen00, S. 6]).

2.5.1.3 Performance Measurement and Management Control Framework (PMMC)

Das in Abbildung 13 dargestellte PMMC-Framework nach JAMIL und MOHAMED [JaMo11] kombiniert die beiden Ansätze Performance Measurement und Management Control. JAMIL und MOHAMED bauen auf den Ausarbeitungen von SIMONS [Simo95] über das „Levers of Control-Framework" zur Implementierung und Kontrolle der Geschäftsstrategie auf und integrieren es in den Kontext des Performance Measurements (vgl. [Simo95, S. 7]). Demnach wird die Unternehmensstrategie in das Belief Control- und Boundary Control-System integriert und darauf folgend durch die Identifizierung von Performance Indicators und mithilfe des Diagnostic Control- und Interactive Control-Systems in die Tat umgesetzt (vgl. [JaMo11, S. 207f.]).

Mit dem Belief Control-System sollen aufbauend auf den Kernkompetenzen neue Geschäftsmöglichkeiten ausgemacht werden. Das Boundary Control-System soll Risiken minimieren, indem das Ausmachen neuer Geschäftsmöglichkeiten strategisch eingeschränkt wird. Das Diagnostic Control-System dient der Evaluierung des Geschäftsstrategie- Implementierungsprozesses durch Fokussierung auf die für den Erfolg der Strategie- Implementierung kritischen Performance-Faktoren. Mit dem Interactive Control-Systems haben Mitarbeiter die Möglichkeit, sich gegenseitig aktuelle Informationen über die Unternehmensperformance auszutauschen (vgl. [Simo95, S. 7 f.]).

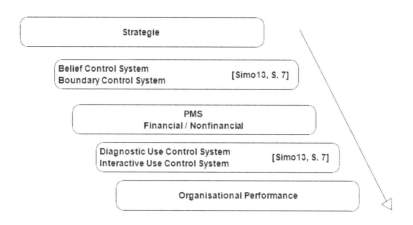

Abbildung 13: PMMC-Framework in Anlehnung an ([JaMo11, S. 208]).

2.6 Process-Performance-Measurement-Systems (PPMS)

Seit den frühen 90er-Jahren beschäftigen sich Unternehmen und Wissenschaftler in Theorie und Praxis mit der Umstrukturierung von Unternehmensstrukturen und Unternehmensprozessen. Besonders amerikanische Unternehmen wie IBM, Ford oder American Express konnten in der Vergangenheit stark von der Umstrukturierung ihrer Unternehmen profitieren (vgl. [HaCh09], S. 2). Dabei ist festzustellen, dass die meisten Unternehmen weniger Prozess-orientiert ausgerichtet sind. Hauptschwerpunkte liegen immer noch auf organisatorischen Strukturen und dem operativem Geschäft (vgl. [HaCh09],S. 38). Trotz hoher Umstrukturierungsausgaben sind nur wenige Unternehmen in der Lage, die Performance ihrer Prozesse zu erfassen. Darüber hinaus ist Performance Measurement auf Geschäftsprozessebeen für viele Unternehmen noch von geringfügiger Bedeutung (vgl. [KuKr99, S. 149]), obwohl die Erfassung von Prozess-Performance anhand eines PPMS eine Notwendigkeit für ein modernes prozessorientiertes Unternehmen darstellt (vgl. [Glav11, S. 34]). Wenngleich moderne ERP-Anbieter (Enterprise Ressource Planning) wie SAP, Sage oder Infor mit ihrer Software die Funktion des Performance-Reports bereitstellen, haben standardisierte Paketlösungen in den meisten Fällen in diesem Bereich erhebliche Defizite. Performance-Reports beinhalten zu detaillierte Informationen und verfehlen den wesentlichen Fokus. Darüber hinaus sind Performance-Reports oft nicht prozessorientiert ausgelegt und missachten qualitative Kenngrößen (vgl. [KuKr99, S. 153]).

Nach KUENG und KRAHN [KuKr99] ist ein PPMS ein unterstützendes Informationssystem für das Prozessteam, um die Wettbewerbsfähigkeit von Geschäftsprozessen innerhalb eines Unternehmens nachhaltig zu verbessern. Es ist ein Instrument zur Visualisierung und kontinuierlichen Verbesserung der Prozess-Performance. Mit der Implementierung eines PPMS ist ein Unternehmen in der Lage die folgenden grundsätzlichen zwei Fragestellungen zu beantworten (vgl. [KuKr99, S. 149ff.]):

- Ist die aktuelle Performance der Geschäftsprozesse besser als am Vortag?
- Zu welchem Grad sind die Zielvorgaben erfüllt?

Dabei verfolgt ein PPMS gleichzeitig die Aspekte des Qualitätsmanagement und der Prozessorientierung. Es bietet einen integralen und ganzheitlichen Blick auf die Performance der Geschäftsprozesse und verfolgt einen Stakeholder-orientierten Ansatz. KUENG nennt folgende einzubeziehende Stakeholder-Gruppen: Investoren,

Mitarbeiter, Kunden und die Gesellschaft. Diese Gruppen werden durch die Hinzu-nahme der Innovationsperspektive ergänzt. Alle Aspekte nehmen gleichermaßen Einfluss auf die Performance der Geschäftsprozesse (vgl. [KuKr99, S. 153]).

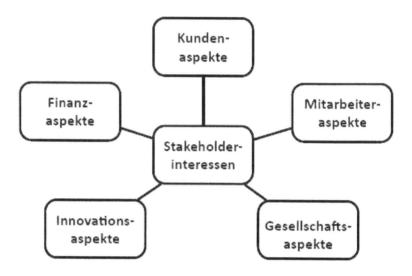

Abbildung 14: Fünf Performance relevante Sichtweisen (in Anlehnung an [KuKr99, S. 153]).

Folgende Charakteristiken eines PPMs lassen sich nach KUENG und KRAHN zusam-menfassen (vgl. [KuKr99, S. 153f.]):

- Ganzheitliche Abbildung der Geschäftsprozesse

- Holistische Betrachtung der Geschäftsprozess-Performance

- Vergleich von aktuellen mit historischen und zukünftigen Prozess-Per-formance- Werten

- Direkter Zugang zu den Ergebnissen durch die Prozessinhaber

- Performance Measures werden den dazugehörigen Geschäftsprozessen direkt zugewiesen

2.6.1 Vorteile eines PPMS gegenüber einem PMS

Durch ein PPMS können klare Zielsetzungen und Zielvorgaben auf Geschäftspro-zessebene kommuniziert werden. Auf diese Weise kann das Verständnis der Ge-schäftsprozesse, die an der Unternehmensvision ausgerichtet sind, in einem Unter-nehmen verbessert werden. Das Zusammenspiel von Zielvorgaben und definierten Performance Measures wird für Mitarbeiter transparenter und ersichtlicher. Die Vielzahl an Informationssystemen, die den Geschäftsablauf in Unternehmen unter-stützen, generieren unzählige Datenmengen und Reporte. Mithilfe des Einsatzes ei-nes PPMS kann die Anzahl an Reporten minimiert und durch prozessorientierte und zielgerichtete Informationen ersetzt werden. Die direkte Kommunikation von Informationen zu der Performance von Geschäftsprozessen an das Prozessteam und das Management führt dazu, dass negative Veränderung rechtzeitig erkannt werden und proaktive Maßnahmen zur Korrektur ergriffen werden können (vgl. [Kuen00, S. 71f.]).

2.6.2 Modellierungsphasen eines PPMS

Die Modellierungsphasen eines PPMS ähneln sich im Ansatz den von NEELY et al. in Abschnitt 1.4.3. präsentierten Modellierungsphasen eines PMS. KUENG und KRAHN [KuKr99] führten auf Basis der nachstehenden acht Modellierungsphasen erfolgreich Projekte durch und evaluierten deren praktische Akzeptanz zur Einfüh-rung eines PPMS mit Erfolg (vgl. [KuKr99, S. 155f.]). Diese Phasen lassen sich wie folgt einordnen und aufgliedern:

1. Identifizierung der Geschäftsprozessziele

Geschäftsprozesse und ihre Aktivitäten bilden die Basis zur Erreichung der Ge-schäftsprozess- Ziele und werden von dem Management und dem Prozessteam de-finiert. Prozessziele sollen verdeutlichen, was ein jeder Geschäftsprozess erzielen soll, um auf lange Sicht konkurrenzfähig zu sein.

2. Festlegung von Performance-Indikatoren für jedes Prozessziel

Mithilfe von Performance-Indikatoren kann dargestellt werden, bis zu welchem Grad Geschäftsprozessziele bisher erreicht wurden. Die in Abbildung 13 dargestell-ten Sichtweisen gilt es, durch geeignete Performance-Indikatoren zu berücksichti-gen.

3. Sicherstellung der Akzeptanz

Voraussetzung für eine effektive Anwendung des PPMS ist die unternehmensweite Akzeptanz der vorab definierten Prozess-Indikatoren und Prozessziele. Das Prozessteam und die Führungsebene müssen sich über deren Verwendbarkeit einig sein, um eine gemeinsame Ausgangslage zu schaffen.

4. Bestimmung von Datenquellen und Zielwerten

Für jeden Performance-Indikator müssen sowohl Datenherkunft als auch Datenzugang festgelegt werden. Weitergehend müssen die jeweiligen Zielwerte der Indikatoren festgesetzt werden. Die Festsetzung der Zielwerte einzelner Performance-Indikatoren ermöglicht die laufende Berechnung des aktuellen Erfüllungsgrades eines Prozessziels.

5. Beurteilung der technischen Realisierbarkeit und ökonomischen Effizienz

Während der Bestimmung der Datenquellen können Nutzen und Kosten einzelner Systeme und Performance-Indikatoren verglichen werden. In der Regel sind die Performance-Daten von kritischen Performance-Indikatoren schwer zugänglich und kostspielig in der Erfassung. Es lässt sich festlegen, dass der Nutzen eines Performance-Indikators dessen Kosten übersteigen sollte.

6. Implementierung des PPMS

Aufbauend auf der Festlegung von Prozess-Indikatoren, Zielwerten und Datenquellen müssen Instrumente zur Datenerfassung ausgewählt werden. Hinzu kommen das Data Management und das Berechnungsverfahren der Prozessdaten. Aktuelle operative Informationssysteme bieten zwar die Funktion des Performance-Reports an, beziehen sich aber nicht auf prozessorientierte Informationen. Hierzu müssen weitere Tools entwickelt werden, um Geschäftsprozess-Daten individuell erfassen zu können.

7. Nutzung des PPMS

Die kontinuierliche Erfassung aktueller Werte von zuvor definierten Indikatoren ermöglicht den ständigen Vergleich mit definierten Zielwerten. Auf diese Weise entsteht ein indirekter Feedback-Loop, den das Prozessteam nutzen kann, um die Geschäftsprozesse so anzupassen, dass Zielwerte besser erreicht werden können.

8. Optimierung der Geschäftsprozesse und kontinuierliche Anpassung der Indikatoren

Die Geschäftsprozesse müssen Kunden und Lieferanten zufriedenstellen, um eine Wettbewerbsfähigkeit zu ermöglichen. Dem dynamischen Markt müssen sich Geschäftsprozesse flexibel anpassen können. Dabei liegt der Fokus auf dem Vergleich mit direkten Wettbewerbern und nicht auf der eigenen vergangenen Position.

2.7 Performance Data-Warehouse (PDWH)

Dieses Kapitel verfolgt die Ansätze aus den Arbeiten von KUENG (vgl. [Kuen00]) und KUENG et al. (vgl. [KuKr99], [KuWL01], [KuMW00]). KUENG befasste sich frühzeitig theoretisch und praktisch mit der Erfassung von Geschäftsprozessdaten in einem zentralen Data-Warehouse zur Analyse der Prozess-Performance. Seine Forschungsarbeiten dienen als Wegweiser für die Modellierung des Process-Performance-Measurement-Systems für mittelständische Unternehmen in Abschnitt 3.3 dieser Arbeit.

2.7.1 Business Intelligence und Data-Warehouse

Über die letzten Jahrzehnte haben sich verschiedene dispositive und analytische entscheidungsunterstützende Systeme, unter ständiger Verbesserung, zu etablierten Werkzeugen von Unternehmen entwickelt. Sie werden heutzutage unter dem Oberbegriff Business Intelligence zusammengefasst. Der Begriff des Data Warehousing ist als wichtigste und am weitesten verbreitete dispositive BI-Technologie zu verstehen (vgl. [HuWi05, S. 3f.]). Ein Data-Warehouse wird im Folgenden von INMON [Inmo02] definiert:

> „A Data Warehouse is a subject-oriented, integrated, nonvolatile, and time-variant collection of data in support of management's decisions."([Inmo02, S. 31]).

Demzufolge ist ein Datawarehouse themenorientiert und bildet ein für jedes Unternehmen einzigartiges Themenfeld ab. Es ist ein integriertes System, in dem Daten aus verschiedenen operativen Systemen extrahiert, transformiert und anschließend geladen werden. Weiterhin sind Daten in einem Data-Warehouse unveränderlich. Sie werden nicht aktualisiert, sondern als neuer Eintrag festgeschrieben. Abschließend sind die Daten zeitorientiert und entsprechen einer exakten Momentaufnahme des Dateneintrages (vgl. [Inmo02, S. 34]).

Performance-Measurement-Systeme bilden einen Teil von Business Intelligence-Anwendungen ab. CHARMONI und GLUCHOWSKI [ChGl04] fassen unter dem Deckmantel Business Intelligence alle Anwendungen zusammen, die zur gezielten Entscheidungsfindung des Managements beitragen. In den Phasen der Planung, Steuerung und Koordinierung fungiert ein BI-System als unterstützendes System unter Einbezug interner und externer Daten (vgl. [ChGl04, S. 119]).

KIMBALL und ROSS [KiRo02] definieren die Ziele eines Data-Warehouse: (vgl. [KiRo02, S. 2ff.]):

- Komplexe Daten müssen mithilfe von intuitiven Tools einfach zugänglich gemacht werden
- Daten müssen konsistent gepflegt sein
- Datensysteme müssen anpassungsfähig sein, ohne die Konsistenz zu verletzen
- Es muss sicher sein und den Zugang zu vertrauliche Daten eines Unternehmens kontrollieren
- Es muss die unternehmerischen Entscheidungen anhand von fundierten Auswertungen der Daten zielführend unterstützen
- Es muss vom unternehmerischen Umfeld akzeptiert werden

2.7.2 PDWH

Das Datenmanagement und die Datenstruktur von Performancedaten kann nach zwei verschiedenen Ansätzen diskutiert werden. Eine Option wäre die Performance relevanten Daten innerhalb der operativen Systeme zugänglich zu machen und zu verwalten. Dieser Ansatz beherbergt jedoch die folgenden Schwächen:

- Daten in transaktionalen Systemen sind nicht in der Art und Weise gepflegt wie Anwender sie brauchen, um Geschäftsanalysen zu fahren und Entscheidungen zu unterstützen.
- Die Reaktionszeit ist aufgrund der Aufbereitung und Verarbeitung von komplexen Daten unbefriedigend
- Durch verschiedene Datenquellen steigt die Komplexität erheblich

Eine weitere Option ist die Verwaltung der Performance-Daten in einer separaten Datenbank. Diese Lösung entspricht der Definition eines Data-Warehouse nach INMON in Abschnitt 2.7 (vgl. [KuWl01, S. 352]) und wird als Performance-Data-Warehouse in Abbildung 15 dargestellt. Performance relevante Daten werden aus operativen Informationssystemen oder externen Datenquellen extrahiert, zusammengefasst und in das PDWH geladen. Die Daten werden entweder direkt in dem PDWH oder in abteilungsspezifischen Teildatenbanken gehalten, den Data Marts. In einem nächsten Schritt werden die Daten direkt aus dem Data-Warehouse durch die ROLAP-Engine multidimensional aufbereitet, um Anwendern je nach Bedarf und Ausführung eine Vielzahl an Präsentationssichten für OLAP- Analysen zu bereitzustellen.

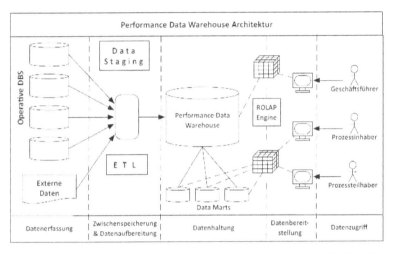

Abbildung 15: Architektur Performance Data-Warehouse (in Anlehnung an [KuWL01, S. 70]).

2.7.3 Online Transactional Processing (OLTP) versus Online Analytical Processing (OLAP)

Im Zeitalter der Informationssysteme sind Daten für Unternehmen der Schlüssel zum wirtschaftlichen Erfolg. Dabei unterscheiden sich die Systeme der Datenansammlung in zwei grundsätzlich voneinander unterschiedlichen Ansätze: die operativen und die dispositiven Systeme (vgl. [KiRo02, S. 2]).

Die operativen Systeme unterstützen den täglichen operativen Geschäftsablauf in der Ausführung der Geschäftsprozesse und werden unter dem Oberbegriff OLTP zusammengefasst. Mit der Erfassung von Informationen zu den sogenannten Transaktionen werden die operativen Aktivitäten festgehalten. Des Weiteren passen operative Systeme sich flexibel durch die unterstützenden Zugriffsoperationen insert (einfügen), update (aktualisieren) und delete (löschen) an die sich ändernde Umgebung an. Sobald sich beispielsweise Informationen zu einem Kunden ändern, werden die betroffenen Datensätze einfach überschrieben. OLTP-Systeme werden durch relationale Datenbanken implementiert. Datensätze befinden sich in der 3. Normalform und sind denormalisiert. Ein weit verbreitetes Design (konzeptuelles Schema) operativer Systeme ist das Entity- Relationship-Modell (ER-Modell) nach Chen [Chen76]. Dieses Design ermöglicht in Kombination mit einer geeigneten Datenbanktechnologie eine hohe Performance des Datenzugriffs. Als Voraussetzung für die Qualität und Performance der einzelnen Transaktionen unterliegen diese dem ACID-Prinzip, erstmals dokumentiert durch HAERDER und REUTER [HaRe83] (vgl. [Adam10, S. 3ff.]). ACID steht für die folgenden Eigenschaften von Transaktionen: Atomicity (Abgeschlossenheit), Consistency (Konsistenzerhaltung), Isolation (Abgrenzung) und Durability (Dauerhaftigkeit) (vgl. [HaRe83, S. 289ff.]).

Während operative Systeme ihren Fokus auf die Unterstützung der Geschäftsprozesse legen, unterstützen dispositive Systeme die Bewertung und Analyse vorhandener Geschäftsdaten. OLAP-Systeme bilden die Basis für die Entscheidungsfindung und geben Auskunft über komplexere Zusammenhänge. Dabei werden nicht wie bei operativen Systeme einzelne Transaktionen in Betracht gezogen, sondern mehrere Transaktionen zur Entscheidungsunterstützung zusammengeführt. Typische Fragestellungen sind am Beispiel des Vertriebsbereiches:

- Welches Produkt wurde letzten Monat am häufigsten verkauft?

- Welcher Kunde brachte im Jahr 2015 zu Produkt A den höchsten Umsatz?

- Welche Kunden waren im Jahr 2015 die Umsatzstärksten?

Die Zugriffsform dispositiver Systeme wird durch Query-Abfragen realisiert. Der entscheidende Unterschied zu operativen ist die Involvierung von mehreren Transaktionen in einer Query-Anfrage. Dieser Ansatz entspricht dem Prinzip der dimensionalen Modellierung und den Anforderungen an dispositive Systeme (vgl. [Adam10, S. 4f.]). Die unterschiedlichen Hauptmerkmale von operativen- und analytischen Systemen werden in Tabelle 3 zusammengefasst.

Merkmal	Operative Systeme	Dispositive Systeme
Anwendungsbereich	Operative Systeme	Entscheidungsunterstüt-zungs-
	(Transaktionssysteme), Ausführung von Ge-schäftsprozessen	bzw. Data-Warehouse-Systeme, Bewertung und Analyse von Geschäftspro-zessen
Datenstruktur	zweidimensional, Fokus auf	mehrdimensional, Fokus auf
	die Anwendung	die Subjekte
Zugriffsform	Insert, Update, Delete, Query; einzelne Transak-tionen	Query; aggregierte Trans-aktionen
Dateninhalt	detaillierte, nicht aggre-gierte	aggregierte und abgelei-tete
	Einzeldaten	Daten
Zeitlicher Bezug	aktuelle Geschäftsdaten	historische Verlaufsdaten
Design Prinzip	Entity-Relationship-De-sign	dimensionales Design (Star
	(ER), 3. Normalform	Schema oder Cube)
Zugriffsmuster	vorhersehbar, repetitiv	ad hoc, heuristisch
Zugriffshäufigkeit	hoch	mittel bis niedrig
Antwortzeit	kurz	mittel bis lang
Transaktionsart und Dauer	kurze Lese- und Schreiboperationen	lange Lesetransaktionen
Datenaktualisierung	kontinuierlich durch Geschäftsprozesse	periodisch (Snapshot)

Tabelle 3: Operative vs. analytische Systeme (Quellen: [BöUl00, S. 3]; [Adam10, S. 5])

2.7.4 Multidimensionales OLAP (MOLAP) versus Relationales OLAP (ROLAP)

Zur Datenhaltung haben sich zwei verschiedene Ansätze von OLAP-Architekturen in Data- Warehouse-Systemen bewährt. Zum einen ist dies die relationale Daten-speicherung (ROLAP- Architektur) und zum anderen die multidimensionale Daten-speicherung (MOLAP- Architektur). Eine Sonderform bildet die hybride OLAP-Ar-chitektur (HOLAP) als Kombination beider Architekturen. Die nachstehende Ta-belle 4 fasst die Eigenschaften, Vorteile und Nachteile der unterschiedlichen An-sätze zusammen (vgl. [HuWi05, S. 8]):

OLAP-Architekturen

Vorteile	Nachteile	Eigenschaften
ROLAP (Relational OLAP)		
hohe Performance hohe Stabilität und Betriebssicherheit bei großen Datenmengen transparente Bereitstellung und Nutzung von Voraggregierungen einfach, kompakt, kostengünstig, flexibel SQL als standardisierte Abfragesprache	eingeschränkter Befehlsumfang für multidimensionale Anfragen (SQL- Umfang ungenügend)	Fachliche Sterne (z.B. Star-Schema) werden in relationalen Datenbank Management Systemen (DBMS) implementiert. Die Zugriffsform auf die Daten wird durch die ROLAP-Engine oder durch die Anfrage des DBMS ermöglicht. Die ROLAP-Engine stellt die Daten multidimensional dar und bietet Methoden zur Optimierung der Performance.
MOLAP (Multidimensional OLAP)		
breites Spektrum multidimensionaler Operationen intuitive Analysesprachen komplexe analystische Auswertungen ohne Performance-Verlust bei geringem Datenvolumen	keine standardisierte Abfragesprache Performance- Verlust bei großem Datenvolumen	MOLAP-Architekturen legen Fakten (Zwischensummen und Kennzahlen) in multidimensionalen Datenbanken (MDDB) ab und implementieren so physisch die Multidimensionalität der Daten.
HOLAP (Hybrid OLAP)		
Kombination der Vorteile beider etablierten OLAP-Architekturen	keine einheitliche Abfragesprache weniger Erfahrungen in der Implementierung	Das hybride OLAP kombiniert die Vorteile von ROLAP- und MOLAP-Architekturen. Der eine Teil der Daten wird physisch gespeichert, der andere multidimensional aufbereitet.

Tabelle 4: OLAP-Architekturen (Quelle: [HuWi05, S. 8]).

Relationale Datenbankmanagementsysteme waren zu keiner Zeit auf die Analyse, Darstellung und Verdichtung komplexer Datenstrukturen ausgerichtet. Diese Funktionen werden lediglich durch Werkzeuge ermöglicht, die nicht Bestandteil eines relationalen DBMS sind. Funktionen relationaler DBMS sind das Auswählen, Vergleichen, Betrachten und Aggregieren von Daten (vgl. [Hype98, S. 11]).

An OLAP-Systeme können Anforderungen aus verschiedenen Sichtweisen gestellt werden. CODD et al. [Hype98] befasste sich mit den Schwächen relationaler DBMS zur Analyse multidimensionaler Datenstrukturen und verfasste 12 OLAP-Regeln zur Evaluation von OLAP- Tools. Durch die Regeln soll sichergestellt werden, dass zur Bewertung von OLAP-Systemen eine für alle gleiche Ausgangslage geschaffen wird. Die folgende Abbildung 16 stellt die Anforderungen an OLAP-Systeme dar und gliedert sie nach den Grundregeln nach CODD (vgl. [Hype98, S. 12]; [Toto00, S. 58ff.]):

Grundanforderungen	Dimensions-Anforderungen
• Einfache Datenanalyse • Multidimensionalität • Zugänglichkeit • Transparenz	• Einheitliche Funktionalität und Struktur der Dimensionen • Unbeschränkte dimensions-übergreifende Operationen • Unbegrenzte Anzahl von Dimensionen und Aggregations-Ebenen
Physikalische Anforderungen	**Reporting-Anforderungen**
• Client-Server-Architektur • Mehrere Anwender • Dynamische Abwicklung dünnbesetzter Matritzen	• Konsistente Reporting Performance • Flexibles Reporting

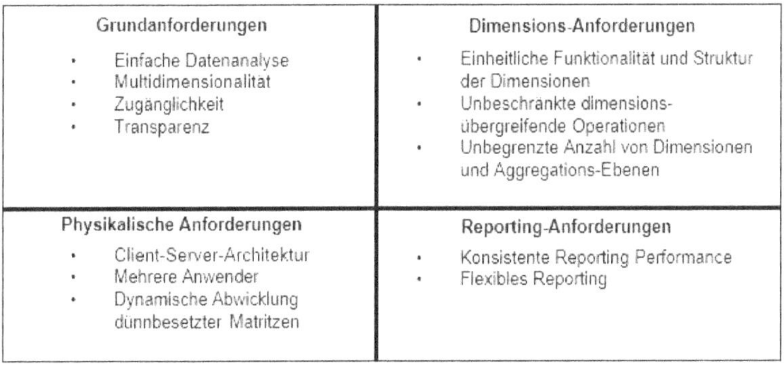

Abbildung 16: Anforderungen an OLAP-Systeme (Quelle: [Hype98, S. 12]; [Toto00, S. 58ff.]).

Zur Navigation in OLAP-Cubes gibt es verschiedene Operatoren, die unterschiedliche Perspektiven auf die Daten zur Datenmanipulation ermöglichen. Nachstehend werden die wichtigsten multidimensionalen Operatoren zur Änderbarkeit der Datenansicht vorgestellt (vgl. [Toto00, S. 62ff.]) und in Abbildung 17 visualisiert:

• Dicing: Die Operation Dice ermöglicht die Abbildung von einem Unter-Cube des gesamten Cubes. Dadurch werden nur die selektierten Attribute einer Dimension zur Datenanalyse dargestellt. In Abbildung 15 werden durch den Dice-Operatore die Produkte P3 und P4, der Monat M3 und das Land L4 ausgeblendet.

- Slicing: Durch den Slice-Operator wird eine Scheibe aus dem Cube herausgetrennt und liefert ein Ergebnis zweidimensionaler Matrix-Darstellung. Beispielhaft wird in Abbildung 15 die vorderste Sicht auf den Cube herausgetrennt. Diese liefert Auskunft speziell über die Anzahl der Produktverkäufe je Produkt und Land.

- Drill-down: Der Drill-down-Operator erlaubt die Abwärts-Navigation entlang der Aggregationsebenen einer Dimensionshierarchie. In Abbildung 15 wird der Drill- Down-Operator auf die Dimension Land angewendet. Das Ergebnis ist die Sicht auf die nächsttieferen Städte, die einem Land zugeordnet sind.

- Roll-up: Komplementär zum Drill-Down-Operator wird durch den Roll-Up-Operator die Aufwärts-Navigation entlang einer Dimensionshierarchie durchgeführt. Demnach ist in Abbildung 15 die Sicht auf die nächsthöheren Kontinente, die einem Land zugeordnet sind, das Ergebnis.

- Rotation: Der Rotate-Operator bewirkt die Drehung des Cubes um eine ausgewählte Achse. Mithilfe dieses Operators werden unterschiedliche Sichten auf die Daten ermöglicht. In Abbildung 15 wird der Daten-Cube um seine x-Achse gedreht. Durch diese Rotation werden die Daten in Produktverkäufe je Produkt und Monat dargestellt. Ausgangssituation war die Darstellung der Produktverkäufe je Produkt und Land.

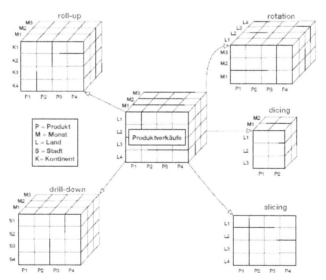

Abbildung 17: Operatoren auf OLAP-Architekturen (in Anlehnung an [Toto00, S. 63]).

2.8 Multidimensionale Datenmodellierung

2.8.1 Multidimensionale Datenstrukturen in relationalen Datenbanken

Zur Unterstützung von unternehmerischen Entscheidungsprozessen reicht die Betrachtung von relationalen Datenstrukturen nicht aus. Da Entscheidungsfindungen oft in komplexen Zusammenhängen und mithilfe mehrerer Dimensionen getroffen werden, spricht man in diesem Kontext von einer multidimensionalen Betrachtungsweise der Daten. Die Basis für entscheidungsorientierte Informationssysteme bildet somit ein multidimensional angeordnetes Datenmodell (vgl. [Toto00, S. 75]). Dieses Modell kann in abstrakter Darstellung durch einen mehrdimensionalen Daten-Cube dargestellt werden. Abbildung 14 symbolisiert eine solche Darstellung. Die abzubildenden Daten werden grundsätzlich nach quantitativen und qualitativen Aspekten unterschieden. Quantitative Daten beschreiben messbare Werte und werden mit den Synonymen Measures (Maßzahlen), Variablen oder Kennzahlen umschrieben. Die Werte können von atomarer oder berechneter Natur sein und bilden die Bestandteile des Cubes. Die Maßzahlen sind in dem aufgeführten Beispiel die Produktverkäufe. Qualitative Aspekte werden durch Dimensionen, die in Abbildung 18 durch die Achsen Produkt, Kunde und Monat dargestellt werden, aufgespannt und bilden die Grunddaten zur Berechnung der Maßzahlen (vgl. [BöUl00, S. 4f.]).

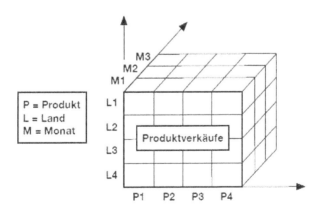

Abbildung 18: Mehrdimensionaler Cube (in Anlehnung an [Toto00, S.56.]).

Durch die weite Verbreitung und dem Einsatz von relationalen Datenbanken, wurden in der Vergangenheit die logische Modellierung zur Darstellung von multidimensionalen Strukturen in das relationale Modell ausführlich erörtert. In seiner

Urform wurden relationale Datenumgebungen nicht für die Darstellung und Analyse von multidimensionalen Datenstrukturen konzipiert. Mit dem ROLAP-Ansatz können diese Hürden überwunden werden und erweitern relationale Systeme um multidimensionale Funktionsweisen (vgl. [Toto00, S. 173f.]. KIMBALL umschreibt die logische Modellierung (siehe Abschnitt 2.8.4.) multidimensionaler Strukturen auf relationalen Systemen als Dimensional Model (DM) und nennt das Star-Schema als logische Basis für die Darstellung (vgl. [Toto00, S. 174.]). In den folgenden Abschnitten wird das Star-Schema im Rahmen der verschiedenen Entwurfsebenen auf logischer Modellierungsebene vorgestellt.

2.8.2 Modellierungsmethoden und Datenmodelle

Ein Modell ist nach FERSTL und SINZ [FeSi13] in der Wirtschaftsinformatik „ein System, das ein anderes System zielorientiert abbildet" ([FeSi13, S. 22]). In der Softwareentwicklung versteht man unter den Grundzügen der Modellierung eine möglichst genaue Abbildung eines Ausschnittes aus der realen Welt durch ein Datenmodell. Datenmodelle beschreiben die Beziehungen zwischen Objekten, deren Attributen und zeigen Relationen innerhalb von Datenstrukturen auf. Die Identifikation des Realitätsausschnittes und dessen realitätsnahe Abbildung nimmt eine wichtige Rolle innerhalb der Datenmodellierung ein, da weitere Modellierungsschritte auf den gewonnenen Erkenntnissen aufbauen. Die verschiedenen Datenmodelle zeichnen sich durch einen unterschiedlichen Bezug zur Realität aus und werden in drei Entwurfsebenen unterteilt. In Abbildung 19 werden der Grad des Realitätsbezuges und die Klassifizierung der Datenmodelle dargestellt. Das semantische oder konzeptuelle Modell ist der Realität am nächsten und dient als Grundlage für das logische Modell. Das semantische Modell berücksichtigt in einem ersten Schritt noch keine einzusetzenden Datenbanktechnologien. Diese werden in einem zweiten Schritt durch das logische Modell aufgegriffen. Die konkrete Abbildung der Datenstrukturen und der für die Speicherung und Performance relevanten Datenbanksysteme werden durch das logische Modell repräsentiert. Dieses wird auch Datenbankschema genannt. Das physische Modell repräsentiert die physische Speicherung der Daten sowie die Aspekte der Speicheroptimierung (vgl. [Hahn06, S. 178f.]).

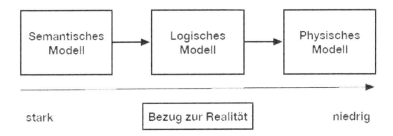

Abbildung 19;: Realitätsbezug der Datenmodelle (in Anlehnung an [Hahn06, S. 179]).

HOLTHUIS [Holt99] beschreibt zwei konkurrierende Zielsetzungen der Datenmodellierung, die durch die Trennung in die drei Entwurfsebenen berücksichtigt werden können (vgl. [Holt99, S. 117]):

I.   Das Datenmodell als Grundlage für den Entscheidungsträger zur Kommunikation im Unternehmen

Die Zusammenhänge des realen Verantwortungsbereiches müssen vollständig dargestellt und für jeden Mitarbeiter einfach nachvollziehbar sein.

II.   Das Datenmodell als Grundlage für Den Datenbankdesigner zur Konzipierung des Datenbankmodells

Datenmodelle müssen ausreichend viele und genaue Informationen zu den Datenstrukturen beinhalten, um eine möglichst detailgetreue Transformation des Datenmodells in ein Datenbankmodell durch den Datenbankdesigner zu ermöglichen.

BÖHNLEIN und ULBRICH-VOM ENDE (vgl. [BöUl00, S. 7ff.]) erweitern die in Abbildung 19 dargestellte Folge der Entwurfsebenen und unterteilen diese weiter in eine fachliche und in eine softwaretechnische Ebene (vgl. Abbildung 20). Verschiedene Modellierungsmethoden, die sich in der Praxis bereits etabliert haben und in der Literatur weit diskutiert wurden, können beiden Entwurfsebenen zugeordnet werden. Die vorliegende Arbeit beschäftigt sich schwerpunktmäßig auf konzeptueller Ebene mit dem ADAPT- und auf logischer Ebene mit dem Star-Schema-Modellierungsansatz.

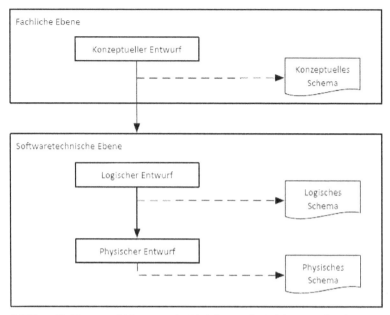

Abbildung 20: Ebenen multidimensionaler Modellierung (in Anlehnung an [BöUl00, S.7]).

Das Ergebnis des konzeptuellen Entwurfs ist ein konzeptuelles Schema, welches der fachlichen Ebene zugeordnet wird. Darauf aufbauend wird auf softwaretechnischer Ebene der logische Entwurf konzipiert. Dieser dient dazu ein logisches Schema zu modellieren, welches für den darauf folgenden physischen Entwurf genutzt werden kann. Aus dem physischen Entwurf wird ein physisches Schema hergeleitet, welches das interne Datenbankschema definiert. Der physische Entwurf wird im Rahmen der Arbeit nicht genauer betrachtet.

2.8.3 Konzeptuelle Entwurfsebene

In Tehorie und Praxis wurden neben der ADAPT-Notation verschiedene weitere Notationstechniken zur Datenmodellierung entworfen. Viele der Ansätze basieren auf dem Entity-Relationship Model (ERM) nach Chen (vgl. [Chen76]) und werden als multidimensionale Modellierungstechniken bezeichnet. GÜNZEL und BAUER [GüBa13] grenzen evolutionäre von revolutionären Techniken ab. Während evolutionäre Modellierungstechniken eine Weiterentwicklung bestehender Notationen darstellen, zeigen revolutionäre Techniken neue bisher nicht vorhandene Ansätze auf und spezialisieren sich auf die Data-Warehouse-Modellierung. Diese unterscheiden sich zumeist in der Mächtigkeit der Notationsmöglichkeiten und der Option auf semantischer Ebene Mehrdimensionalität darzustellen (vgl. [GüBa13, S. 203ff.]). Zu den evolutionären Modellierungstechniken können das multidimensionale ERM (ME/RM) [Sapi98] und das multidimensionale UML (mUML) [LuTS02] gezählt werden, die beide jeweils von ihrer ausgehenden Semantik um multidimensionale Darstellungsmöglichkeiten erweitert wurden. Zu den revolutionären Modellierungstechniken können das Dimensional-Fact-Model (DFM) [GoMR98] und Application Design for Analytical Processing Technologies (ADAPT) gezählt werden [Bulo98].

2.8.3.1 Application Design for Analytical Processing Technologies (ADAPT)

ADAPT ist eine nach BULOS [Bulo98] eingeführte Methode zur Darstellung von multidimensionalen Datenstrukturen in einer vereinfachten konzeptuellen Form (vgl. [GlKS09, S. 1f.]). Im Fokus des Modellierungsansatzes ist die semantische Darstellung der für OLAP-Anwendungen notwendigen mehrdimensionalen Datenstrukturen. Mit diesem revolutionären Ansatz setzt sich ADAPT von anderen Modellierungs-Notationen ab und ermöglicht die Modellierung von intuitiven und leicht verständlichen semantischen Modellen. Aus diesen Gründen wird ADAPT in den letzten Jahren mit zunehmender Bedeutung ebenfalls im deutschsprachigen Raum diskutiert (vgl. [Hahn06, S. 187f.]).

Kritik an der ADAPT-Notation lässt sich in die folgenden positiven und negativen Aspekte unterteilen (vgl. [KuWL01, S.352]):

Negativ

- Die Vielzahl an bereitgestellten Modellierungselementen führt dazu, dass Anwender sich intensiv in die Materie einarbeiten müssen

Positiv

- ADAPT wurde bereits erfolgreich in mehreren Projekten eingesetzt und von Projektteams akzeptiert
- ADAPT bietet eine hohe Mächtigkeit der Modullierungselemente
- Unabhängig von Technologie und Architektur aus semantischer Modellierungsebene zur Modellierung von OLAP Systemen

Die folgende Tabelle 5 beinhaltet die Basis-Symbole der ADAPT-Modellierung. Neben den aufgelisteten Symbolen existieren weitere spezifische Symbolarten. Um einen intuitiven Einstieg in das Fallbeispiel in Abschnitt 3.5.1.1. zu ermöglichen, konzentriert sich die vorliegende Arbeit auf die in Tabelle 3 dargestellten Basis-Symbole.

Symbol	Benennung	Bedeutung
Kernelemente der ADAPT-Modellierung		
Cube Dimension1 Dimension2	Cube (Würfel)	Zur Speicherung von Geschäftsdaten in einer mehrdimensionalen Datenbank bildet der Cube das zentrale Element der ADAPT-Modellierung. Aus physischer Implementierungssicht steht der Cube für ein n-dimensionales Array.
$f(\ )$ Model	Formel (Model)	Formeln dienen zur Berechnung und anschließenden Analyse bezogener Daten in einem OLAP-System. Im Rahmen der konzeptuellen Modellierung sind sie ein Grundstein für spätere Analyseschritte.
Dimension	Dimension (Dimension)	Dimensionen beschreiben die Anordnung der Daten. Sie dienen zur Darstellung einer Achse eines Cubes und formen einen Index zur Ansprache eines Wertes auf einer Achse im Daten-Cube. Dimensionstypen dienen der genaueren Beschreibung von Dimensionen.
Dimensionstypen zur Klassifizierung von Dimensionen		
	Aggregierende Dimension (Aggregation Dimension)	Bestandteil einer aggregierenden Dimension ist mindestens eine Hierarchiestruktur. Sie kann neben Hierarchien weitere Elemente enthalten. Ebenen werden nicht der Dimension, sondern der Hierarchie untergliedert.
	Partitionierende Dimension (Version Dimension)	Werte partitionierender Dimensionen stellen unterschiedliche Varianten von Daten dar. Sie weisen keine Hierarchiestruktur auf und können verglichen werden.
	Kennzahlendimension (Measure Dimension)	Kennzahlendimensionen stellen die definierten Kennzahlen dar.

	Sequentielle Dimension (Sequential Dimension)	Sequentielle Dimensionen stellen eine aggregierende Hierarchie dar. Sie enthalten im Vergleich zur einer aggregierenden Dimension keine weiteren Elemente.
	Eigenschaftsdimension (Property Dimension)	Eigenschaftsdimensionen können Attributen sequenzieller oder aggregierender Dimensionen zugeordnet werden. Sie dienen einer detaillierteren Analyse von Attributen.
	Tupeldimension (Tuple Dimension)	Tupeldimensionen stellen die Kombination von Elementen aus mindestens zwei Dimensionen zu einer neuen Dimension dar.

Dimensionselemente Zur Modellierung von Dimensionen

	Hierarchie (Hierarchy)	Hierarchien beschreiben die Konsolidierungswege in einem OLAP- System. Sie bestehen in ihrer Grundausführung aus mehreren Hierarchieebenen, die entweder zu einem größeren Wert aggregiert oder einem kleineren Wert zugeordnet werden.
	Hierarchieebene (Level)	Mehrere Hierarchieebenen bilden zusammen die Hierarchie einer Dimension. Dabei steht jede Hierarchieebene für ein Dimensionselement innerhalb eines Konsolidierungsweges.
	Dimensionswert (Member)	Ein Dimensionswert ist ein individueller Wert, der nicht im Zusammenhang mit einer Hierarchie modelliert wird. Sie treten in partitionierenden Dimensionen oder Dimensionssichten auf.
	Dimensionsattribut (Attribute)	Mithilfe von Dimensionsattributen werden Elemente einer Dimension näher beschrieben. Dimensionsattribute sind an keinen Datentyp gebunden.

	Dimensionssicht (Scope)	Eine Dimensionssicht dient der Modellierung von alternativen Sichten auf Dimensionswerte. Diese werden mithilfe der Dimensionssicht zu Teilmengen zusammengefasst.

Verbindungsobjekte zur Dimensionsmodellierung

	Lockere Rangordnung (Loose Precedence)	Lockere Beziehungen zwischen Ebenen einer Hierarchie geben an, dass nicht alle Werte einer Kind-Hierarchieebene zu einer Eltern-Hierarchieebene zugeordnet werden müssen.
	Strenge Rangordnung (Strict Precedence)	Strenge Beziehungen zwischen Hierarchieebenen beschreiben die vorgeschriebene Aggregation einzelner Kind-Hierarchieebenen zu den jeweiligen Eltern-Hierarchieebenen. Jede Ebene besitzt im Vergleich zur lockeren Beziehung immer ein Eltern-Element.
	Rekursive Rangordnung (Self Precedence)	Rekursive Rangordnungen kennzeichnen rekursive Beziehung innerhalb einer Hierarchie.
	Used By-Konnektor (Used By connector	Ein Used By-Konnektor kennzeichnet die Eingabeparameter für Rechenformeln. Dabei können Ergebnisse von Formeln auch Eingabeparameter für weitere Rechenformeln sein.
	Konnektor (Connector)	Einfacher Konnektor zur Kennzeichnung konzeptueller Beziehungen zwischen zwei Elementen.

Teilmengen-Operatoren

	Fully Exclusive	Umfassendes Exklusiv-Oder zur Darstellung von disjunkten Teilmengen
	Fully Overlapping	Umfassendes Oder zur Darstellung von Teilmengen, die durch eine Wiedervereinigung die Gesamtheit abbilden
	Partially Exclusive	Partielles Exklusiv-Oder, welches neben disjunkten Überlappungen von Teilmengen erlaubt

Partially Overlapping

Partielles Oder zur Darstellung von Teilmengen, die durch eine Wiedervereinigung nicht die Gesamtheit abbilden; Dimensionswerte können in mehreren Teilmengen vorhanden sein.

Tabelle 5: ADAPT (Quellen: [GlKS09, S. 4]; [BuFo98, S. 4ff.]; [HaKu12, S. 24f.]; [Bulo98, S. 34]).

Eine der großen Herausforderungen des konzeptuellen Entwurfs ist die Tendenz zu entarteten Schemata, die schwer zu überblicken sind. BULOS [BuFo98] et al. empfiehlt Cubes und Dimensionen in verschiedene Abschnitte zu unterteilen und nicht gemeinsam zu modellieren. Voneinander abhängige Elemente werden dem jeweiligen Abschnitt zugeordnet (vgl. [BuFo98, S. 17]).

Abbildung 21 zeigt einen simplen beispielhaften Vertriebs-Cube mit den Dimensionen Zeit, Kennzahl, Kunde, Vertriebsweg und Produkt. Analysiert werden können die Produktverkäufe (z.B. Umsatz) der einzelnen Vertriebswege (z.B. Direktvertrieb) an Kunden (z.B. in verschiedenen Regionen) in einer bestimmten Zeit (z.B. nach Quartalen) (vgl. [GlKS09, S. 4]). Anhand der Kunden-Dimension lassen sich einige Grundelemente der ADAPT-Notation in Abbildung 22 veranschaulichen. In diesem Beispiel können Kunden nach Bundesland, Kreis oder Stadt ausgewertet und aggregiert werden. Weiterhin werden Kunden durch die Attribute Vorname, Nachname, Straße und PLZ genauer beschrieben. Der Exklusiv-Oder- Operator zeigt, dass Kunden entweder weiblich oder männlich sein können und in die verschiedenen Sichten A-Kunde, B-Kunde oder C-Kunde unterteilt werden.

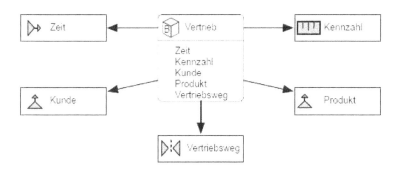

Abbildung 21: Vertriebs-Cube mit fünf Dimensionen (in Anlehnung an [GlKS09, S. 4]).

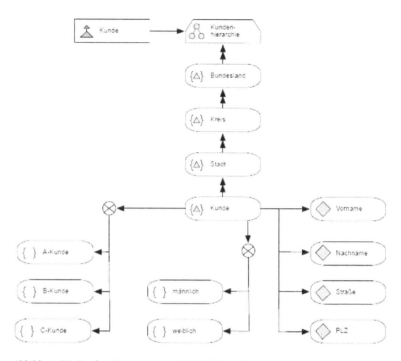

Abbildung 22: Kunden-Dimensionen mit ADAPT-Kernelementen

Zur Gewährleistung konsistenter ADAPT-Modelle haben GLUCHOWSKI et al. (vgl. [GIKS09, S. 5]) ein Metamodell auf Basis der UML-Notation eingeführt (siehe Abbildung 23). Dieses enthält die Kernelemente der ADAPT-Notation und dokumentiert vorgegebene Modellierungsrichtlinien. Betrachtet man beispielsweise das Kernelement Dimension, hat diese immer einen oder mehrere dazugehörige Cubes (Komposition) und kann ohne einen dazugehörigen Cube nicht bestehen. Vice versa steht ein Cube immer in Beziehung mit einer oder mehreren Dimensionen. Der Pfeil gibt dabei die Richtung der Relation an. Weiterhin besitzt eine Dimension keine oder mehrere Attribute. Attribute hingegen gehören immer genau einer Dimension an. Zudem hat eine Dimension entweder einen oder mehrere Dimensionswerte (Member) oder eine oder mehrere Hierarchien. Beide Elemente werden vice versa genau einer Dimension zugeordnet und können auch ohne eine Dimension existieren (Aggregation).

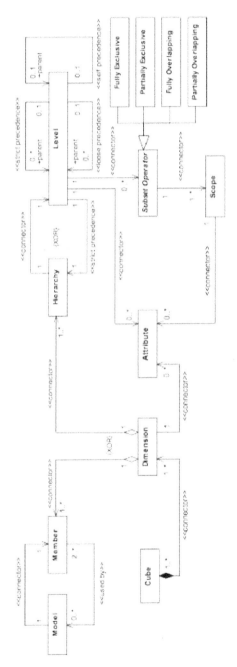

Abbildung 23: ADAPT Metamodell (Quelle: GlKS09, S. 5]).

2.8.4 Logische Entwurfsebene

2.8.4.1 Star Schema

Das Star-Schema ist eine zugrundeliegende Form der Datenmodellierung eines Data- Warehouse und hat sich im Laufe der Jahre zum Standard der Abbildung von mehrdimensionalen Datenstrukturen in relationalen Datenbanksystemen entwickelt. In der Grundform der Modellierung nach dem Star-Schema-Ansatz werden in einer zentralen Faktentabelle quantifizierende Informationen, die Kennzahlen, abgelegt. Umgeben wird die Faktentabelle von Dimensionstabellen, die angelehnt an die Namensgebung des Star- Schemas in Sternenform um die Faktentabelle herum angeordnet werden und die qualifizierenden Informationen enthalten.

Eine eindeutige Referenz der Tabellen wird durch gemeinsame Schlüsselattribute festgelegt. Der zusammengesetzte Schlüssel der Faktentabelle besteht aus den Fremdschlüsseln (FK = Foreign Key), welche auf die Primärschlüssel (PK = Primary Key) der Dimensionstabellen verweisen (vgl. [Hahn05, S. 105]).

Abbildung 24 stellt eine vereinfachte Darstellung eines Star-Schemas im Vertrieb dar. Die Dimensionstabellen Zeit, Kunde, Produkt und Vertriebsperson haben jeweils einen Primärschlüssel und Attribute, welche die Dimensionen näher beschreiben. Attribute der Dimension Zeit sind in dem aufgeführten Beispiel Datum, Jahr, Quartal, Monat und Tag. Die zentrale Faktentabelle Vertrieb_Fakten enthält die Fremdschlüssel Vertriebsperson_Key, Zeit_Key, Kunde_Key und Produkt Key und stellt so die Verbindung zu den jeweiligen Primärschlüsseln in den Dimensionstabellen her. Für die Fakten in der Faktentabelle werden in der Literatur die Synonyme Measures oder Kennzahlen verwendet. In dem aufgeführten Beispiel sind die Fakten Umsatz und Verkaufsmenge aufgeführt. Das Star-Schema in Abbildung 24 könnte folgende Fragestellungen zu Analysezwecken ermöglichen:

1. Welche Vertriebsperson erwirtschaftete den größten Umsatz im Quartal 1 in 2015?

2. Wie hoch war der Anteil am Gesamtumsatz von Produkt A in 2015?

3. Mit welcher Marke wurde im Jahr 2015 die höchste Verkaufsmenge erzielt?

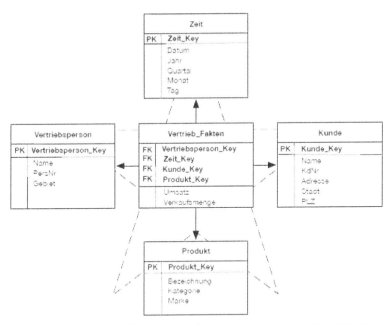

Abbildung 24: Vereinfachte abstrakte Darstellung eines Star Schemas im Vertriebs-Bereich.

2.8.4.2 Dimensionstabellen

Dimensionstabellen bieten in Form von Attributen die benötigten Informationen, um die Fakten in den Faktentabellen in einen Kontext zu bringen. Ohne die beschreibenden Attribute würden Analysen auf Faktentabellen zu keinem brauchbaren Ergebnis führen. Mit mit der Anzahl an Attributen in einer Dimension steigt die Mächtigkeit der Analyse-Abfragen auf die Faktentabellen an (vgl. [Adam10, S. 32]). In manchen Fällen ist es nicht sofort ersichtlich, ob zwei Attribute der gleichen Dimension zugeordnet werden oder separat modelliert werden sollten. Wenn zwei Attribute eine natürliche Verbundenheit besitzen und auch ohne eine Transaktion in Relation stehen, gehören sie zur selben Dimension. Ein Produkt beispielsweise hat auch ohne Transaktion immer eine dazugehörige Marke. Wenn die Abhängigkeit von zwei Attributen jedoch eine Transaktion voraussetzt und die Attribute auch losgelöst voneinander in verschiedenen Kontexten auftreten können, werden sie in getrennten Dimensionstabellen modelliert. Vertriebsmitarbeiter und Kunden treten beispielsweise nur dann in Relation, wenn zum Beispiel eine Bestellanfrage an ein Unternehmen gestellt wird. Beide Attribute werden in separaten Dimensionstabellen modelliert und stehen in Relation durch Transaktionen über die Faktentabelle (vgl. [Adam10, S.   117f.]). HAHN [Hahn05] fasst die drei wichtigsten Aufgaben der Dimensionstabellen folglich zusammen (vgl. [Hahn05, S. 105]):

1.   Sie beinhalten die Suchkriterien, mit denen Fakten ausgewertet werden können.

2.   Mithilfe der Dimensionen werden die Fakten umschrieben, um sinnvolle Aussagen formen zu können.

3.   Sie bilden eine Hierarchiestruktur, um die Granularität der Auswertung festzusetzen.

Dimensionstabellen zeichnen sich durch unterschiedliche Ausprägungen von Dimensionshierarchien aus. Zwischen den folgenden Formen hierarchischer Strukturen lässt sich unterscheiden: (vgl. [Hahn05, S. 106ff.]):

Flache Strukturen

Die Dimensionstabelle Szenario besitzt als Dimensionswerte die Szenarien Plan, Ist und Abweichung. Alle Werte stehen in keiner hierarchischen Beziehung zu einander. Sie befinden sich auf der gleichen hierarchischen Ebene. Der Primärschlüssel Szanerio_ID stellt die Beziehung zur Faktentabelle her.

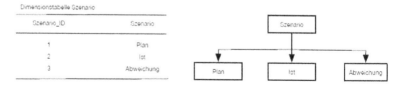

Abbildung 25: Flache Struktur (in Anlehnung an [Hahn05, S. 107]).

Balancierte Strukturen

Die Dimensionstabelle Zeit stellt in ihrer Struktur eine balancierte Baum- und Waldstruktur dar. In Form einer Kalenderstruktur steht jede Ebene der Struktur für eine Spalte in der Dimensionstabelle (Jahr, Quartal, Monat). Alle Wege von den Wurzeln zu den jeweiligen Blättern besitzen die gleiche Tiefe. Zudem sind jeweils alle Blätter vollständig besetzt. Die resultierende Struktur ist in Abbildung 26 eine balancierte Baum- und Waldstruktur. Die Zeit_ID ist der Primärschlüssel in Form einer fortlaufenden Nummer.

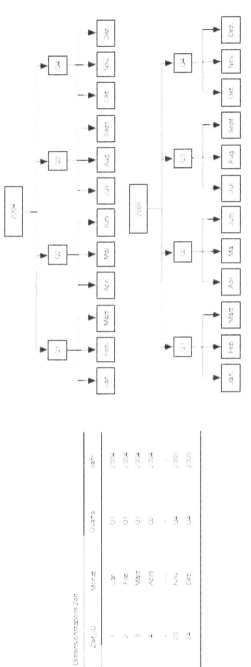

Abbildung 26: Balancierte Baum- und Waldstruktur (in Anlehnung an [Hahn05, S. 107f.]).

Unbalancierte Strukturen

Unbalancierte Hierarchiestrukturen sind gekennzeichnet durch verschieden lange Wege von den Wurzeln zu den Blättern. Das Beispiel in Abbildung 27 zeigt eine Waldstruktur, die durch die Trennung der Dimensionstabelle Produkt in Hauptgruppe 1 und Hauptgruppe 2 gekennzeichnet ist. In der Dimensionstabelle ist die unbalancierte Struktur durch die vorhandenen NULL-Einträge ersichtlich, hervorgerufen durch die nicht vorhandenen Untergruppen in Hauptgruppe 1. Aufgrund der fehlender Elterngruppe von Hauptgruppe 1 und Hauptgruppe 2 ist die in Abbildung 27 dargestellte Hierarchie eine unbalancierte Waldstruktur.

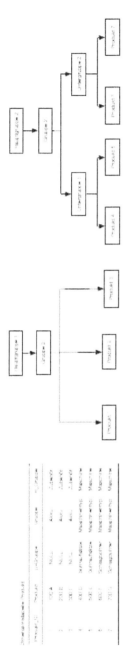

Abbildung 27: Unbalancierte Struktur (in Anlehnung an [Hahn05, S. 108f.]).

Parallele Hierarchien

Die in Abbildung 28 dargestellte Struktur entspricht der Darstellung einer parallelen Hierarchie. Jahr und Geschäftsjahr greifen jeweils auf die gleiche Dimension Quartal zu. In Dimensionstabellen sind parallele Hierarchien nur schwer zu erkennen.

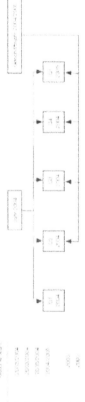

Abbildung 28: Parallele Hierarchie (in Anlehnung an [Hahn05, S. 109f.]).

2.8.4.3 Faktentabellen

Faktentabellen stellen Geschäftsprozesse dar, indem sie alle detaillierten Kennzahlen enthalten, die Geschäftsprozesse numerisch beschreiben. Somit ist die Faktentabelle als Kernelemente des Business Process Measurements anzusehen. (vgl. [Adam10, S. 38]). Jeder Geschäftsprozess hat genau eine Faktentabelle, sodass jeder Prozess individuell analysiert werden kann. Dieser Schritt verhindert zudem spätere Komplikationen, die auftreten können, wenn eine Faktentabelle mehrere Prozesse abdeckt. Vice versa können mehre Faktentabellen genau einem Geschäftsprozess zugeordnet werden (vgl. [Adam10, S. 61]).

Abbildung 29: Beziehung zwischen Geschäftsprozessen und Faktentabellen

Prozesse bestehen in den meisten Fällen aus weiteren Unterprozessen. Hier stellt sich die Frage, ob die Unterprozesse der gleichen Faktentabelle zugehörig sind. Dieser Entscheidungsprozess kann nach ADAMS [Adam10] durch die Beantwortung der folgenden beiden Fragen unterstützt werden (vgl. [Adam10, S. 62]):

- Treten zwei Fakten simultan auf?

- Besitzen zwei Fakten die gleiche Anzahl an Dimensionen?

Wenn beide Fragen zu einem gegebenen Paar von Kennzahlen bejaht werden können, werden beide Kennzahlen dem gleichen Prozess zu geordnet. Wenn eine der beiden Fragestellungen verneint wird, beschreiben beide Kennzahlen unterschiedliche Geschäftsprozesse. Werden beide Kennzahlen trotzdem in einer gemeinsamen Faktentabelle modelliert, kann dies zu Komplikationen durch Null-Einträge führen. Wenn in einem späteren Report beispielsweise eine der beiden Kennzahlen individuell analysiert werden soll, können irreführende Ergebnisse auftreten. Abbildung 30 verdeutlicht die Situation, wenn zwei Fakten nicht gemeinsam auftreten. Das Produkt mit der Nummer „789" wurde zwar verkauft, aber noch nicht versendet. Formuliert man nun eine Abfrage über die versendeten Produkte taucht das verkaufte Produkt mit dem unten aufgeführten numerischen Wert „0" auf. Irreführend ist hierbei der Fall, dass ein Produkt, welches noch gar nicht versendet wurde, in einem Produktversand-Report auftaucht. Durch die Modellierung der Kennzahlen in separaten Faktentabellen wird die Problematik umgangen. Eine spätere Umgehung des Problems durch eine angepasste Query-Abfrage, indem die

„0" herausgefiltert wird, erfordert die Anpassung einer jeden Query. Wie in Abbildung 31 dargestellt, ist bessere Modellierungsmethodik die Aufspaltung der Fakten Anzahl_Verkauft und Anzahl_Versendet in zwei separate Faktentabellen. Der dargestellten Problematik der 0-Einträge kann so aus dem Weg gegangen werden. Ein Lösungsvorschlag ist in Abbildung 31 dargestellt. Durch die Trennung der Fakten in die Faktentabellen Verkauf_Fakten und Versand_Fakten ist es möglich, beide Geschäftsprozesse getrennt zu analysieren. Beide Tabellen stehen in Beziehung zu den gleichen Dimensionen. Falls weitere Fakten hinzugefügt werden sollen, können diese nun getrennt eingepflegt werden (vgl. [Adam10, S. 62 ff]).

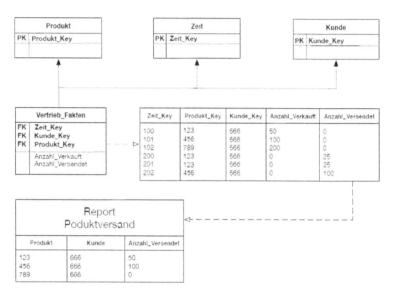

Abbildung 30: Report mit 0-Eintrag (in Anlehnung an [Adam10, S. 63f.])

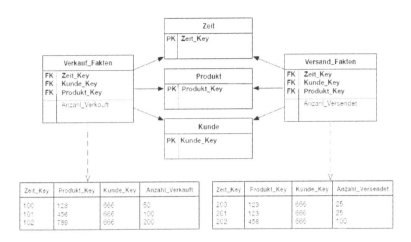

Abbildung 31: Getrennte Faktentabellen ohne 0-Eintrag (in Anlehnung an [Adam10, S. 67]).

Interessante Einblicke in die Interaktion von Geschäftsprozessen kann das Zusammenführen von zwei oder mehreren Faktentabellen liefern. Diese Methode wird als Drilling Across bezeichnet. Hierbei geht es nicht um den Verdichtungsgrad einer Datenstruktur, sondern um den Vergleich von Geschäftsprozessen auf Faktenebene. Der Drilling-Across-Prozess unterteilt sich in zwei aufeinander folgende Phasen. In einem ersten Schritt werden jeweils per Query-Abfrage bestimmte Fakten aus den Faktentabellen unter Einbezug ausgewählter Dimensionen zusammengestellt. In einem zweiten Schritt werden die Ergebnisse der Query-Abfragen zu einer gemeinsamen Faktentabelle zusammengeführt. Drilling Across beschränkt sich nicht auf die Zusammenführung von zwei Faktentabellen, sondern kann auf eine beliebige Anzahl an Faktentabellen angewendet werden. Weiterhin können Daten aus verschiedenen Datenquellen bezogen werden. Eine Voraussetzung für die erfolgreiche Durchführung ist jedoch die gleiche Granularität (gleiche Dimensionen) der Faktentabellen (vgl. [Adam10, S. 73ff.]).

In der folgenden Abbildung ist das Schema des Drilling Across in einem vereinfachten Beispiel dargestellt. Die beiden Faktentabellen Anzahl_Verkauft und Anzahl_Versendet sollen zu Analysezwecken zusammengeführt werden. In Phase eins wird jeweils die Query-Abfrage für beide Faktentabellen formuliert. Das Ergebnis sind auf der einen Seite Anzahl der verkauften Produkte und auf der anderen Seite die Anzahl der versendeten Produkte. Mittels eines Full-Outer-Joins werden die Ergebnisse in einer finalen Faktentabelle zusammengefasst. Nun lässt sich aus den

Ergebnissen beispielsweise die Auslieferungsrate der verkauften Produkte ermitteln.

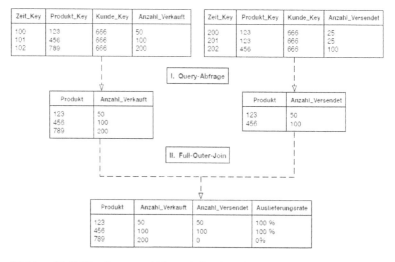

Abbildung 32: Drilling Across von Faktentabellen (in Anlehnung an [Adam10, S. 75]).

Zur Abfrage von Datenbeständen in relationalen Datenbanken dient die Datenbanksprache Structured Query Language (SQL). Aufbauend auf dem in Abbildung 24 dargestellten Star- Schema könnte eine Führungskraft für das nächste interne Teammeeting eine Zusammenstellung der Umsätze eines jeden Vertriebsmitarbeiters im letzten Quartal vorbereiten. Das folgende SQL-Pattern zeigt die Basis-Bestandteile SELECT, FROM, WHERE, GROUP BY und ORDER BY einer SQL-Abfrage zu der Ausgangsfrage: Welche Umsätze erzielten die Vertriebsmitarbeiter im Januar 2016 durch den Verkauf des Produktes A (vgl. [Adam, S. 13f.])?

• Bestimmung der Ergebnis Dimensionen und Kennzahl • Festlegung der Aggregationsformel	**SELECT**	Vertriebsperson.Name, Produkt.Bezeichnung, SUM (Vertrieb_Fakten.Umsatz)
• Auflistung der Tabellen, die Bestandteil der Query sind	**FROM**	Zeit, Vertriebsperson, Produkt, Vertrieb_Fakten
• Einschränkung des Scopes auf gesetzte Filter • Durchführen von Joins zwischen den Tabellen	**WHERE**	Zeit.Monat = "Januar" AND Zeit.Jahr = 2016 AND Produkt.Bezeichnung = "A" AND Vertrieb_Fakten.Vertriebsperson_Key = Vertriebsperson.Vertriebsperson_Key AND Vertrieb_Fakten.Zeit_Key = Zeit. Zeit_Key AND Vertrieb_Fakten.Produkt_Key = Produkt.Produkt_Key
• Gruppierung der ausgewählten Daten	**GROUP BY**	Vertriebsperson.Name, Produkt.Bezeichnung
• Alphabetische Sortierung der Daten der ausgewählten Dimension	**ORDER BY**	Vertriebsperson.Name,

BEISPIELERGEBNIS	Name	Bezeichnung	Umsatz
	Meier	A	30.000,00
	Müller	A	15.000,00
	Schmidt	A	85.000,00

Abbildung 33: SQL Pattern (in Anlehnung an [Adam10, S. 13f.]).

Nach dem Star Schema liegen die Dimensionstabellen in denormalisierter Form vor. Im Gegensatz zum Star Schema liegt das Snowflake Schema als Weiterführung des Star Schemas in normalisierter Form vor. Vorteile des Star Schemas gegenüber dem SnowFlake Schema lassen sich wie folgt zusammenfassen (vgl. [Toto00, S. 177]):

- Eine höhere Zugriffsgeschwindigkeit aufgrund einer geringeren Anzahl an Tabellenverknüpfungen und einhergehenden Join-Operationen
- Eine geringere Komplexität des Datenmodells
- Eine einfachere Beschreibung multidimensionaler Datenstrukturen und hierarchischer Strukturen
- Eine Minimierung von fehlerhaften Benutzeranfragen durch leichter verständliche Darstellungen von Datenmodellen
- Einfachere Integrität des Star-Schemas in vorhandene relationale konzipierte Informationssysteme

2.8.5 Physische Entwurfsebene

Als Teil der softwaretechnischen Modellierung beschäftigt sich der physische Entwurf mit der internen Ausarbeitung des Datenbankschemas und der zu berücksichtigen Systemparameter. Performance relevante Aspekte werden im Zusammenspiel mit vorhandenen oder auszuwählenden Betriebsmitteln wie Gerätekonfiguration oder Betriebssystem hauptsächlich in Betracht gezogen. Bis zu diesem Zeitpunkt existieren keine vorhandenen Modellierungsansätze oder unterstützende Werkzeuge aus physischer Entwurfsebene. Werkzeuge und Modellierungsansäte sind im kommerziellen Bereich vorzugsweise auf der logischen Entwurfsebene vorzufinden (vgl. [BöUl00, S. 9]).

3 Praktischer Teil

In der Literatur diskutierte Performance-Measurement-Systeme werden in der vorliegenden Arbeit nach zwei verschiedenen Ansätzen unterschieden. Zum einen gibt es PMS- Frameworks wie die Balanced Scorecard, welche eine Arbeitsgrundlage zur Erfassung von Leistungsdaten bilden und im Rahmen dieser Arbeit im Vergleich zu zahlreichen wissenschaftlichen Ausarbeitungen nicht als Systeme bezeichnet werden. Sie bilden als Framework oder Modell vielmehr einen Teil des Analyseschrittes ab und unterstützen die Organisation und Dokumentation. Die Bachelorarbeit baut auf dem zweiten Charakteristikum auf, nach dem Performance-Measurement-Systeme als Informationssysteme verstanden werden. Mit dem Fokus auf der Optimierung von Geschäftsprozessen folgt die Bachelorarbeit dem Gedanken des Process-Performance- Measurement-Systems als Variante eines PMS und definiert dieses wie folgt:

Ein Process-Performance-Measurement-System (PPMS) ist ein Informationssystem zur Analyse, Überwachung und Optimierung erfolgskritischer Geschäftsprozesse mittels geeigneter Process Key Performance Indicators (PKPIs).

Das dritte Kapitel unterteilt sich in zwei Bereiche. Zur Unterstützung der Analyse der Geschäftsprozesse wird in Abschnitt 3.1 zunächst ein neuer Ansatz eines PMS-Frameworks zur strukturierten Dokumentation der Geschäftsprozesse vorgestellt. Im darauf folgenden Fallbeispiel dient das Framework als Grundlage für die Analyse der Geschäftsprozessziele und für die Identifizierung der Prozess-KPIs.

Der zweite Teil des Kapitels befasst sich ab Abschnitt 3.2 mit der Modellierung eines IT- seitigen Process-Performance-Measurement-Systems zur Optimierung der Geschäftsprozesse eines fiktiven mittelständischen Unternehmens. Ziel ist es einen Ansatz aufzuzeigen wie ein Process-Performance-Measurement-System durch ein Data Warehouse implementiert werden kann. Der Fokus liegt dabei beispielhaft auf dem Vertriebsprozess des fiktiven Unternehmens.

Der Begriff der Modellierung wird im Rahmen der Ausarbeitung als ein mehrstufiger Prozess verstanden. Dieser unterteilt sich in die folgenden Modellierungsschritte:

1) Fachliche Ebene

a) Analyse des Vertriebsprozesses

i) Definition der Geschäftsprozessziele

ii) Definition der Geschäftsprozess-KPIs

b)   Konzeptuelle Entwurfsebene

i)   Modellierung eines konzeptuellen Schemas des Vertriebsprozesses nach der ADAPT-Notation

2)   Softwaretechnische Ebene

a)   Logische Entwurfsebene

i)   Modellierung eines logischen Schemas des Vertriebsprozesses nach dem Star-

Schema-Ansatz

b)   Physische Entwurfsebene

i)   Ausblick zur physischen Implementierung

3.1 Einführung der Business Process Performance Scorecard (BPP Scorecard)

Die BPP Scorecard Ist ein Framework zur strukturierten Darstellung aller Geschäftsprozess- Performance relevanten Informationen in einem holistischen Modell. Sie dient neben der strukturierten Analyse der Geschäftsprozesse und der dazugehörigen Process Key Performance Indicators (PKPIs) der sukzessiven Optimierung der Geschäftsprozesse. Weiterhin unterstützt die BPP Scorecard den etablierten Trend der Geschäftsprozessorientierung als wichtigen Faktor für unternehmerischen Erfolg. Das vorgestellte Framework hat als Bestandteile Ansätze der Balanced Scorecard nach KAPLAN und NORTON [KaNo92] und impliziert die Performance relevanten Perspektiven und Charakteristiken nach KUENG und KRAHN [KuKr99]. Beide Ansätze werden komplementiert durch die zentrale Darstellung erfolgskritischer Geschäftsprozesse. Die Business Process Performance Scorecard erfüllt die Eigenschaften eines gleichgewichtigen Kennzahlensystems, bestehend aus finanziellen und nichtfinanziellen Kennzahlen, indem zur Analyse der Geschäftsprozesse die fünf Perspektiven Kundenperspektive, Finanzperspektive, Mitarbeiterperspektive, gesellschaftsperspektive und Innovationsperspektive miteinbezogen werden. Die BPP Scorecard ist aufgrund ihrer Skalierbarkeit gleichermaßen für mittlere Unternehmen und große Unternehmen anwendbar. Die BPP Scorecard ermöglicht es dem Management, aus fünf verschiedenen Sichtweisen die Geschäftsprozesse zu betrachten und ermöglicht die Stellung der fünf folgenden Fragestellungen, die es zu beantworten gilt:

- Welche Anforderungen stellen unsere Kunden an unsere Geschäftsprozesse? (Kundenperspektive)

- Welche Kosten werden durch die Durchführung unserer Geschäftsprozesse erzeugt? (Finanzperspektive)

- Welchen Einfluss nehmen unsere Mitarbeiter auf unsere Geschäftsprozesse? (Mitarbeiterperspektive)

- Welche gesellschaftlichen Verantwortungen gilt es zu berücksichtigen Anforderungen stellt unsere Umwelt an unsere Geschäftsprozesse? (Gesellschaftsperspektive)

- Wie innovativ sind unsere Geschäftsprozesse? (Innovationsperspektive)

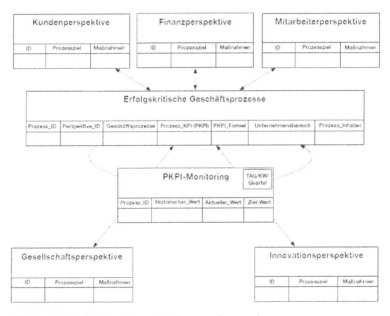

Abbildung 34: Die Business Process Performance Scorecard

Alle fünf Perspektiven nehmen einen entscheidenden Einfluss auf die Performance der Geschäftsprozesse und variieren in ihrer Berücksichtigung je nach Anwendungsfall. In allen Fällen werden jeweils Erfolgsfaktoren und darauf folgende Maßnahmen definiert, die zur Optimierung der Performance der Geschäftsprozesse dienen. Sie ist je nach Unternehmen durch individuelle Anforderungen und Unternehmensstrategien geprägt und spiegelt in ihrer Zusammensetzung die strategische Ausrichtung eines Unternehmens in Form von Zielen und PKPIs wieder.

Ein Process Key Performance Indicator (PKPI) dient der Erfassung der Prozess-Performance erfolgskritischer Geschäftsprozesse und wird wie folgt definiert:

Ein Process Key Performance Indicator (PKPI) ist ein Leistungsmaß, welches die Performance eines Geschäftsprozesses, unter Berücksichtigung aller auf den Prozess einwirkenden Faktoren, abbildet.

3.1.1 Elemente der BPP-Scorecard

Kundenperspektive

Zufriedene Kunden sind einer der wichtigsten Faktoren, die den Unternehmenserfolg beeinflussen. Dabei können Anforderungen von Kunden an Unternehmen von verschiedener Art sein. Eine kurze Lieferzeit, eine hohe Qualität der Produkte oder ein guter Kundenservice sind Beispiele, die eine hohe Kundenzufriedenheit ausmachen können. In allen Fällen ist die Erfüllung der Kundenerwartungen ein anzustrebendes Ziel. Die Nähe zum Kunden spielt an dieser Stelle eine große Rolle. Vorzugsweise lassen sich aus direktem Kundenfeedback Erfolgsfaktoren ableiten, die in Maßnahmen umgesetzt werden können und Einfluss auf die Auswahl oder Anpassung von Geschäftsprozessen und PKPIs nehmen.

Finanzperspektive

Die Einführung und Umsetzung von Geschäftsprozessen ist an finanzielle Ressourcen gebunden, die Voraussetzungen für einen erfolgreichen Ablauf der Prozesse sind. Somit stehen die durch einen Geschäftsprozess erzeugten Kosten in Wechselwirkung mit dem erzielten Output. Einerseits sollte die Wirtschaftlichkeit eines Geschäftsprozesses gegeben sein, andererseits kann ein Geschäftsprozess, der auf den ersten Blick nicht wirtschaftlich erscheint, Voraussetzung für darauf folgende gewinnbringende Geschäftsprozesse sein.

Mitarbeiterperspektive

Mitarbeiterzufriedenheit unterstützt die Arbeitsleistung und gilt als nicht zu unterschätzender Performance Faktor von Geschäftsprozessen, da Mitarbeiter im Regelfall für die erfolgreiche Abwicklung der Geschäftsprozesse zuständig sind. Schlechte

Arbeitsbedingungen, eine zu hohe Arbeitsbelastung oder Stress können dazu führen, dass die Ausführung von Geschäftsprozessen beeinträchtigt wird und im Gegenzug wirtschaftlicher Schaden durch unzufriedene Kunden entsteht.

Gesellschaftsperspektive

Ein Unternehmen steht in Wechselwirkung mit seiner Umgebung, in der es operiert. Die Berücksichtigung von gesellschaftlichen Verantwortungen oder die Beziehung zu Lieferanten spielen eine nicht zu unterschätzende Rolle für das Ansehen oder den Wachstum eines Unternehmens. Durch die Einführung von verschiedenen Awards, die von oder an Unternehmen verliehen werden, wurde in der Vergangenheit die besondere Stellung der Gesellschaftsperspektive bekräftigt.

Innovationsperspektive

Die Globalisierung der Märkte stellt besonders mittelständische Unternehmen vor neue Herausforderungen, die es zu überwinden gilt. Das Streben nach einer stetigen Verbesserung von bestehenden Produkten und Prozessen reicht in den meisten Fällen nicht mehr aus, um eine zukünftige Wettbewerbsfähigkeit garantieren zu können. Vielmehr werden Unternehmen an ihrer Möglichkeit neue Produkte und Lösungsansätze hervorzubringen gemessen. Neben Produkten und Prozessen gilt dies auch für innovative Strategien, die von dem Management eingeführt werden.

Erfolgskritische Geschäftsprozesse

Die zentrale Darstellung der erfolgskritischen Geschäftsprozesse führt die fünf erfolgskritischen Performance-Perspektiven in einer Auflistung zusammen. Jedem Geschäftsprozess wird eine eindeutige Prozess_ID zugeordnet, die auf eine oder mehrere Performance-Perspektiven verweist. Neben der Prozess_ID werden alle involvierten Geschäftsprozesse und die identifizierten Geschäftsprozessziele aufgelistet. Zudem werden die definierten Process Key Performance Indicators und die dazugehörigen PKPI-Formeln einem jeden Geschäftsprozess zugeordnet. Jeder Geschäftsprozess wird eindeutig einem Unternehmensbereich zugeordnet und hat immer einen hauptverantwortlichen Prozessinhaber, der für die Überwachung der Prozess-Performance verantwortlich ist.

PKPI-Monitoring

Das PKPI-Monitoring dient der Überwachung aktueller PKPI-Werte und vergleicht diese sowohl mit historischen Werten, als auch mit festgesetzten Zielwerten. Der Erfüllungsgrad definierter Zielwerte gibt Auskunft über den aktuellen Stand der Prozess-Performance und ermöglicht die eventuelle Anpassung von zuvor definierten Maßnahmen.

Das PKPI-Monitoring der erfolgskritischen Geschäftsprozesse ermöglicht die Beantwortung der folgenden Fragestellungen:

- Zu welchem Grad habe ich ausgehend von meinem Ist-Wert meinen Ziel-
  Wert eines Geschäftsprozesses erreicht?

- Welche Performance-relevanten Perspektiven nehmen Einfluss auf die
  Performance meiner einzelnen Geschäftsprozesse?

3.1.2 Zusammenfassung und Fazit

Die Business Process Performance Scorecard ist ein PPMS-Framework zur Unterstützung des Managements im Bereich des Prozessmanagements. Durch die holistische Betrachtung der erfolgsbringenden Geschäftsprozesse aus finanzieller und
nicht-finanzieller Sichtweise können Geschäftsprozesse nicht nur optimiert werden, sondern durch eine gegenseitige Abstimmung bedeutende Wettbewerbsvorteile hervorbringen. Weiterhin unterstützt die BPP-Scorecard das nach LEHNER
und REMUS definierte Ziele des Prozessmanagements, indem vorhandene betrieb-
liche Ressourcen und Vorgänge auf gemeinsame strategische Erfolgsfaktoren abge-
stimmt werden (vgl. [LeRe00, S. 185f.]). Die Flexibilität der BPP- Scorecard ermöglicht es mittelständischen Unternehmen, ihre individuellen Anforderungen und
ihre spezifische Unternehmensposition zu berücksichtigen.

3.2 Fallbeispiel – Vertriebsprozessoptimierung eines mittelständischen Unternehmens

Die virtuelle Bohrmaschinenfabrik ist ein mittelständisches Unternehmen, welches sich auf die Produktion und den Vertrieb von hochwertigen Industrie-Bohr-
maschinensystemen spezialisiert hat. Das Unternehmen hat sich rasant entwickelt
und ist seit einigen Jahren einem stetigen Wachstumsprozess ausgesetzt. Im Rahmen eines Umstrukturierungsprozesses von einer funktionsorientierten Ausrichtung hin zu einer geschäftsprozessorientierten Ausrichtung des Unternehmens ar-
beitet das Management derzeit an einem Pilotprojekt zur strategischen Analyse der
Geschäftsprozesse im Vertriebsbereich. Das Ziel ist es die Performance der Prozesse sowohl zu erfassen als auch nachhaltig sukzessiv zu optimieren. Dazu setzte
das Unternehmen frühzeitig auf den Einsatz von operativen und analytischen Informationssystemen zur Verwaltung der Bewegens- und Stammdaten.

Das Unternehmen vertreibt seine Industrie-Produkte hauptsächlich im technischen Direktvertrieb durch eigene Vertriebsmitarbeiter und erwirtschaftet über

diesen Vertriebsweg den Großteil des Umsatzes. Neben dem Direktvertrieb vertreibt das Unternehmen weitere Produktgruppen indirekt über verschiedene Händler und über einen eigenen Onlineshop. Die beiden Varianten des indirekten Vertriebes werden innerhalb der Vertriebsprozessanalyse für die Definition der PKPIs nicht berücksichtigt. Der Fokus liegt auf der Analyse des Vertriebsprozesses im Direktvertrieb.

3.3 Modellierung des IT-seitigen Process-Performance- Measurement- Systems

Die vorliegende Arbeit gibt einen Einblick in die Möglichkeit der Abbildung von KPIs durch ein Data Warehouse zur Optimierung der Geschäftsprozesse eines mittelständischen Unternehmens. Im Vergleich zu dem Ansatz nach ADAMSON [Adam10], nach dem ein oder mehrere Geschäftsprozesse genau einer Faktentabelle zugeordnet werden (vgl. Abschnitt 2.8.4.3), folgt das folgende Fallbeispiel dem Ansatz nach KUENG und WETTSTEIN [KuWL01] und bildet jeden KPI mit den dazugehörigen Maßzahlen als eigene Faktentabelle ab. Dieser innovative Ansatz ermöglicht eine zielorientierte Analyse ausgewählter KPIs und somit eine holistische Betrachtung der Geschäftsprozess-Performance. Somit können KPIs direkt als Cubes dargestellt werden und müssen nicht durch teilweise aufwändige Drilling-Across- Operationen per Zusammenführung von Faktentabellen kalkuliert werden. Für das Fallbeispiel wird Datenherkunft und Datenintegrität vorausgesetzt.

Die Modellierung des PPMS für das mittelständische Unternehmen folgt dem nachstehenden Vorgehensmodell, welches die sich in die folgenden Schritte unterteilt:

1. Analyse der Vertriebsstrategie und Ist-Aufnahme des Vertriebsprozesses
2. Identifizierung der Vertriebsprozessziele
3. Bestimmung der Process Key Performance Indicators
4. Identifizierung der Dimensionen
5. Modellierung des semantischen Modells
6. Modellierung des Datenbankmodells

3.3.1 Analyse der Vertriebsstrategie und Ist-Aufnahme des Vertriebsprozesses

Der Vertrieb nimmt als Geschäftsprozess eine hervorzuhebende Stellung in der Wertschöpfungskette von Unternehmen ein und ist das Bindeglied zu externen

Kunden. Der Vertriebsprozess besteht aus mehreren Unterprozessen und Prozessphasen, die in ihrer Zusammenstellung eine Prozesskette bilden. Weiterhin ist der Vertriebsprozess kein einmaliger Prozess, sondern wird iterativ durchlaufen und auch als Selling Cycle bezeichnet (vgl [HeHo12, S.69ff.]). Die virtuelle Bohrmaschinenfabrik folgt in ihrer Vertriebsstrategie diesem Ansatz. Abbildung 35 veranschaulicht die einzelnen Prozessschritte des Selling Cycles. Als Abbild des klassischen technischen Vertriebs begleiten die Vertriebsmitarbeiter des fiktiven Unternehmens ihre Kunden beratend von der Geschäftsanbahnung bis zum Vertragsabschluss. Nach einer Kundenanfrage folgt die Anfrageprüfung. Falls die Anfrage als relevant einzustufen ist, wird dem Kunden ein Angebot übersendet. In mehrere Kundenmeetings werden Vereinbarungen getroffen und erste Konditionen besprochen. Hat der Kunde einen Vertrag unterschrieben, befindet er sich an der letzten Stelle des Selling Cycles. Dem Bereich des After Sales ist es vorbehalten durch eine gute Kundenbindung- und Beratung einen Bestandskunden von einer möglichen Folgeinvestition zu überzeugen.

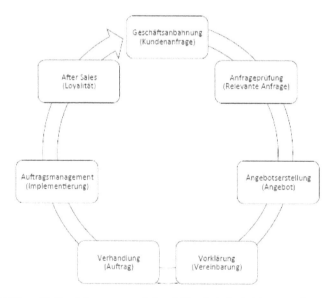

Abbildung 35: Vertriebsprozess nach dem Selling Cycle (in Anlehnung an [HeHo12, S. 70]).

Ist-Aufnahme des Vertriebsprozesses der fiktiven Bohrmaschinenfabrik

Der Vertriebsprozess des fiktiven Unternehmens wird durch zwei mögliche Startsignale angestoßen und ist in Abbildung 36 dargestellt. Einerseits erhält der Vertriebsmitarbeiter im Vorfeld seiner Kundenakquise eine Liste an Leads durch das Lead Management. Die Liste an Leads unterteilt sich in mögliche Neukunden und Bestandskunden. Des Weiteren besitzt der Vertriebsmitarbeiter in dem fiktiven Fallbeispiel bereits einen vorhanden Pool an Bestandskunden, die er in den letzten Jahren bereits als Kunden gewinnen konnte. In beiden Fällen überprüft der Vertriebsmitarbeiter in einem ersten Schritt die Qualität der Leads. Danach versucht der Vertriebsmitarbeiter nach einer erfolgreichen Akquise einen Kundentermin zu vereinbaren. In diesem werden die für den Kunden interessanten Produkte mittels einer Kundenpräsentation vorgestellt. Sollte die Kundenpräsentation erfolgreich verlaufen sein, werden in einem zweiten Schritt Verhandlungsgespräche geführt. In manchen Fällen kann es vorkommen, dass mehr als ein Verhandlungsgespräch geführt werden muss, um den Kunden von dem Produkt zu überzeugen. Sollte der Kunde von dem präsentierten Produkt überzeugt sein und ein verbindliches Angebot anfordern, übergibt der Vertriebsmitarbeiter in Absprache mit dem Controlling das Angebot an den Kunden weiter. Die Aufgabe des Controllings ist es vor Abgabe des Angebotes alle für das Angebot relevanten Kosten ins Verhältnis zum Angebotspreis zu setzen und die daraus resultierende Marge zu bewerten.

Nach Versand des Angebots können mehrere Zwischenereignisse eintreten:

1. Nach keiner Antwort seitens des Kunden nach 4 Wochen verfällt das Angebot.

2. Der Kunde lehnt trotz positiver vorheriger Verhandlungsgespräche das vorliegende Angebot ab.

3. Der Kunde akzeptiert das Angebot.

In den beiden ersten Fällen wird ein Endereignis ausgelöst. Nach Position drei wird dem Kunden nach Akzeptanz des Angebots ein Kaufvertrag zur Unterschrift zugesendet. Diesen erhält der Vertriebsmitarbeiter unterzeichnet zurück und gibt die Information des Vertragsabschlusses an seinen Vertriebsleiter weiter.

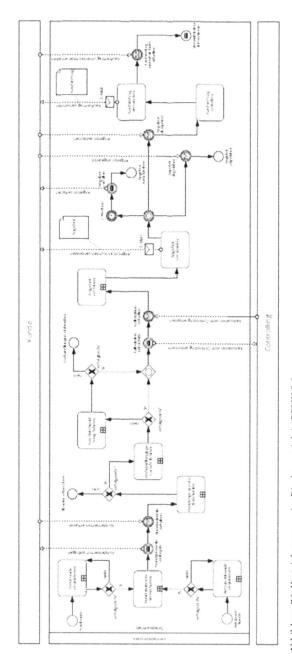

Abbildung 36: Vertriebsprozess im Direktvertrieb in BPMN 2.0

3.3.2 Unternehmensziele und Vertriebsprozessziele

Prozessziele leiten sich von den allgemeinen strategischen Unternehmenszielen ab. Die Vertriebsprozessziele bieten eine Orientierung für alle im Vertriebsprozess involvierten Mitarbeiter und dienen der Kommunikation und zielstrebigen Erreichung der definierten Ziele. Zudem gelten sie als Motivationsfaktoren, um Prozessziele im Team zu erreichen. Alle Werte bilden gemeinsam die Basis der Performance des Vertriebsprozesses. Die ausgegebenen Unternehmensziele des fiktiven Unternehmens im Vertriebsprozess lassen sich wie folgt identifizieren:

I. Eine gute Bindung zu den Kunden und eine einhergehende hohe Kundenzufriedenheit (Kundenperspektive)

II. Eine wirtschaftliche Stabilität und ein gesundes wirtschaftliches Wachstum eine übergeordnete Rolle (Finanzperspektive)

III. Das Unternehmen positioniert sich im Markt so, dass es gerade für potentielle Neukunden interessant sein möchte. (Kunden- und Innovationsperspektive)

IV. Das Unternehmen verfolgt eine für den Kunden möglichst hohe Qualität der Produkte und vor allem auch der Prozesse. (Kundenperspektive)

Vertriebsprozessziele

Für den Vertriebsprozess werden von dem Management für zukünftige Entwicklungspotenziale für einzelne Prozessschritte Prozessziele ausgemacht, die auf den allgemeinen Unternehmenszielen aufbauen und in ihrem weiteren Verlauf durch Process Key Performance Indicators messbar gemacht werden sollen. Folgende Ziele werden von dem Management ausgemacht:

- Eine kontinuierliche hohe Neukundenrate gegenüber den vorhanden Bestandskunden (Ziel II. und III.)
- Eine für das Unternehmen gesunde Marge im Produktverkauf (Ziel II.)
- Den Vertriebsprozess möglichst kosteneffizient gestalten (Ziel II.)
- Aus vorhandenen Leads möglichst viele Kunden generieren (Ziel III.)
- Die Bedürfnisse von Kunden besser identifizieren und erfüllen (Ziel I. und IV)

3.3.3 Process Key Performance Indicators

Für den Vertriebsprozess werden Process Key Performance Indicators definiert, die oben genannte Prozessziele numerisch abbilden und zur fortlaufenden Analyse der Prozess- Performance genutzt werden. Die folgenden KPIs werden gezielt ausgesucht und geben die gewünschte Auskunft, entarten zudem nicht in zu vielen KPIs. Sie dienen als Unterstützung aller in den Vertriebsprozess involvierten Parteien und unterstützen aufgrund ihrer kontrollierbaren Anzahl das operative Geschäft. Zu viele KPI's können für mittelständsiche Unternehmen neben dem operativen Geschäft nicht mehr einfach händelbar sein. Dennoch sollten sie die gesamte Performance-Betrachtung der Geschäftsprozesse abdecken. Darüber hinaus sollte man beachten, dass andere Unternehmensbereiche ebenfalls eigene PKPIs hinzufügen und das Management in der Analyse mit weiteren Daten versorgt wird. Aus Basis des in Abbildung 35 dargestellten Vertriebsprozesses und der in Abschnitt 3.3.2 formulierten Vertriebsprozessziele werden die folgenden PKPIs für das fiktive Unternehmen zur Erfassung der Performance im Vertriebsprozess eingeführt:

New Customer Index

$$New\ Customer\ index = \frac{Anzahl\ Neukunden}{Gesamtkundenanzahl}$$

Neukunden nehmen gegenüber Bestandskunden eine hervorzuhebende Position ein und sichern zukünftigen Wirtschaftswachstum. Für jedes Unternehmen sollte es daher das Ziel sein, die Anzahl der Verkäufe an Neukunden über der Anzahl an Verkäufen an Bestandskunden zu halten. Der New Customer Index gibt an wie das Verhältnis zwischen akquirierten Neukunden und Bestandskunden ist:

Sales Price index

Verhandlungsgespräche sind unter anderem geprägt von Preisverhandlungen seitens des Kunden. Jeder Vertriebsmitarbeiter hat einen vorgegebenen Listenpreis des zu vertreibenden Produktes und strebt eine höchst mögliche Marge an. Der Sales Price Index gibt an wie erfolgreich ein Mitarbeiter einen Vertrag abschließen kann, ohne den Verkaufspreis zu senken:

$$Sales\ Price\ Index = 1 - \left(\frac{Gesamtrabatt\ Einnahmen}{Gesamtlistenpreis\ Einnahmen}\right)$$

Cost of Sales Index

Der Cost of Sales Index gibt an wie kosteneffizient ein Vertriebsmitarbeiter Perspektivkunden als Kunden gewinnen kann:

$$Cost\ of\ Sales\ Index = \frac{Gesamtvertriebskosten}{Gesamtumsatz}$$

Customer Retention Index

Der Customer Retention Index gibt an zu welchem Erfüllungsgrad die Bedürfnisse von Bestandskunden berücksichtigt und erfüllt werden:

$$Customer\ Retention\ Index = 1 - \left(\frac{Bestandskunden\ ohne\ Folgekauf}{Gesamtkundenanzahl}\right)$$

Eine Alternative zu dem vorgestellten PKPI ist das Aussenden eines Fragebogens an einen Bestandskunden. Auf diese Weise können gezielte Fragestellungen zur Kundenzufriedenheit seitens des Kunden direkt beantwortet und von dem Unternehmen ausgewertet werden.

Sales Close Index

Der Sales Close Index gibt an wie erfolgreich ein Vertriebsmitarbeiter Perspektivkunden als Kunden gewinnen kann:

$$Sales\ Close\ Index = \frac{Gesamtanzahl\ Vertragsabschlüsse}{Gesamtanzahl\ Angebote}$$

Sales Cycle Index

Der Sales Cycle gibt an, wie Vertriebsmitarbeiter die Dauer Vertriebszyklusses von Kundenakquise bis Vertragsabschluss handhaben können. Dabei wird die Dauer eines Vertriebsprozesses (VP) jeweils in Kalendertagen angegeben:

$$Sales\ Cycle\ Index = \frac{Dauer\ VP_1 + Dauer\ VP_2 + \cdots + Dauer\ VP_n}{n}$$

Die einzelnen PKPIs lassen sich nun in der in Abschnitt 3.1.1 eingeführten Business Process Performance Scorecard abbilden. Durch die Darstellung der PKPIs in Verbindung zu den Performance-relevanten Perspektiven können Prozessbeteiligte Zusammenhänge erkennen und bewerten, die Einfluss auf die Performance eines

Unterprozesses des Vertriebsprozesses haben. In Abbildung 37 werden zunächst die Prozessziele und die dazugehörigen Maßnahmen für jede Perspektive festgelegt. Zur eindeutigen Identifikation dient die Perspektiven-ID.

Abbildung 37: Beispielperspektiven der BPP-Scorecard

In einem zweiten Schritt werden, wie in Abbildung 38 dargestellt, gleiche Prozessziele verschiedener Perspektiven zusammengefasst und einer eindeutigen Prozess_ID zugeordnet. Danach werden die involvierten Geschäftsprozesse den jeweiligen Prozesszielen zugeordnet. Darauf folgend werden die zu messenden PKPIs aus den Prozesszielen abgeleitet und mit der dazugehörigen PKPI-Formel in die Tabelle eingefügt. In einem letzten Schritt werden der zuständige Unternehmensbereich und der Prozessinhaber angegeben. Die Übersicht erfolgskritischer Geschäftsprozesse ermöglicht die Haltung aller kritischen PKPIs an einem Ort.

Erfolgskritische Geschäftsprozesse						
Prozess_ID	Perspektive_ID	Geschäftsprozesse	Prozess_KPI (PKPI)	PKPI_Formel	Unternehmensbereich	PKPI_Inhaber
VP_01	K_01	Bestandskunden akquirieren	Customer Retention Index	1 - (Bestandskunden ohne Folgekauf /Gesamtkundenanzahl)	Vertrieb	Herr Schmidt
VP_02	F_01	Kalkulation anfordern Angebot erstellen	Sales Price Index	1 - (Gesamtrabatt Einnahmen / Gesamtlistenpreis Einnahmen)	Vertrieb	Frau Meier
VP_03	K_02; L_01	Neukunden/Bestandskunden akquirieren; Kundentermin vereinbaren	New Customer Index	Anzahl Neukunden / Gesamtkundenanzahl	Vertrieb	Herr Müller
VP_04	K_03; M_01	Gesamter Vertriebsprozess	Sales Cycle Index	Dauer VP1 + ... + Dauer VPn / n	Vertrieb	Frau Schneider
VP_05	K_04; M_02	Angebot versenden Kaufvertrag versenden	Sales Close Index	Gesamtanzahl Vertragsabschlüsse / Gesamtanzahl Angebot	Vertrieb	Herr Fischer
VP_06	F_02	Gesamter Vertriebsprozess	Cost of Sales Index	Gesamtvertriebskosten / Gesamtumsatz	Vertrieb	Frau Schneider

Abbildung 38: Erfolgskritische Geschäftsprozesse der BPP-Scorecard

Das PKPI-Monitoring dient der Darstellung des aktuellen Wertes eines PKPIs und setzt diesen ins Verhältnis mit historischen Werten und definierten Zielwerten. Abbildung 39 stellt die Sicht auf das Monitoring dar. Auf einen Blick können Werte verglichen und interpretiert werden. Wichtige Schlüsse können zur Entscheidungsfindung gezogen werden.

PKPI-Monitoring		Quartal 3 - 2016	
Prozess_ID	Historischer_Wert	Aktueller_Wert	Ziel-Wert
VP_01	35 %	50 %	45 %
VP_02	15 %	10 %	5 %
VP_03	15 %	18 %	25 %
VP_04	60 Tage	45 Tage	35 Tage
VP_05	30 %	32 %	40 %
VP_06	25 %	33 %	18 %

Abbildung 39: PKPI-Monitoring der BPP-Scorecard

Die komplette Abbildung der auf den Vertriebsprozess angewendeten BPP-Score-card befindet sich im Anhang A4 der Bachelorarbeit.

3.3.4 Konzeptuelle Entwurfsebene – ADAPT-Entwurf

3.3.4.1 Cubes und Dimensionen

Nach der Definition geeigneter PKPIs können die Ergebnisse der Business-Process-Performance-Scorecard auf konzeptueller Entwurfsebene in ein semantisches Schema überführt werden. In einem ersten Schritt werden die Dimensionen und die dazugehörigen Granularitäten festgelegt. Am Beispiel des Vertriebsprozesses identifiziert der Autor die Dimensionen Kunde, Zeit, Vertrag, Prozessziel, Organisationseinheit, Mitarbeiter, Angebot und Fragebogen. Hinzu kommen die definierten PKPIs in Form von Cubes, die in Wechselwirkung mit den Dimensionen stehen. Dimensionen können in Relation zu mehreren Cubes stehen, wenn die Dimensionen die gleiche Granularität besitzen. Die Aufteilung der Darstellung von Cubes und Dimensionen gegenüber Dimensionen und Dimensionselementen entspricht den Konventionen der ADAPT-Modellierung. Die Gesamtdarstellung der Cubes und Dimensionen befindet sich im Anhang A3.

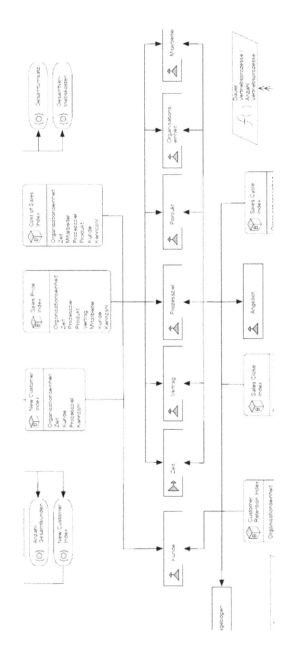

Abbildung 40: ADAPT, Ausschnitt aus dem konzeptuellen Entwurf

3.3.4.2 Dimensionen und Dimensionselemente

Nachdem Cubes und Dimensionen identifiziert wurden, werden die einzelnen Dimensionen und die Dimensionselemente genauer modelliert. Die folgende Abbildung 41 zeigt beispielhaft die modellierte Kundendimension.

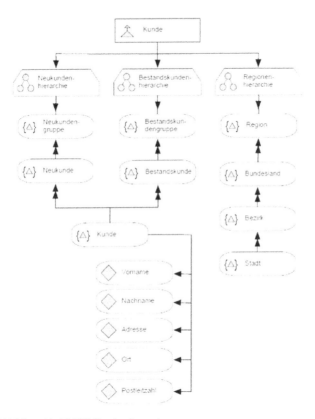

Abbildung 41: ADAPT, Kundendimension

Ein Kunde wird entweder der Neukundenhierarchie, der Bestandskundenhierarchie oder der Regionenhierarchie zugeordnet und kann entlang der dargestellten Verdichtungspfade aggregiert werden. Eine ausführliche Darstellung aller modellierten Dimensionen befindet sich in den Anhängen A1 und A2. Mit den modellierten Informationen des konzeptuellen Schemas kann auf logischer Ebene ein logisches Schema erarbeitet werden. Die folgende Abbildung 42 zeigt das aus dem ADAPT-Modell transformierte Star-Schema. Es besteht aus neun Dimensionen, die jeweils mit einem vorangestellten Dim_ gekennzeichnet sind. Weiterhin gibt es sechs Faktentabellen, die aus den Cubes der ADAPT-Notation abgeleitet wurden. Die Faktentabellen entsprechen in ihrer Namensgebung der Bezeichnung der PKPIs. Der Primärschlüssel der Dimensionen ist fettgedruckt und mit nachstehendem Kürzel dargestellt (PK). Hinzu kommen ergänzende Schlüsselattribute der alternativen Verdichtungspfade. Diese sind als Fremdschlüssel (FK) gekennzeichnet. Die Relationen zwischen den Dimensionen und Faktentabellen stehen für eine 1:N-Beziehung. Das logische Star Schema bildet die Grundlage für den physischen Entwurf und die Modellierung eines späteren physischen Schemas.

3.3.5 Logische Entwurfsebene – Star-Schema-Entwurf

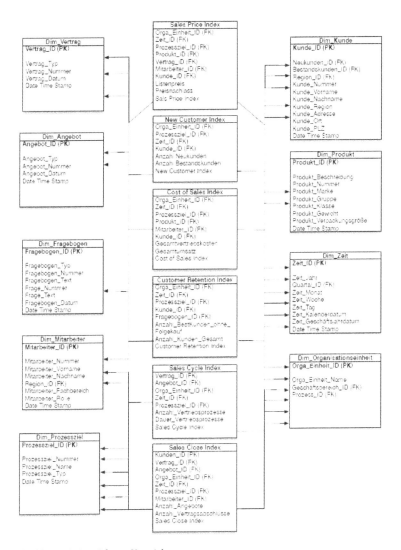

Abbildung 42: Star Schema Vertriebsprozess

4 Zusammenfassung und Ausblick

4.1 Zusammenfassung

Performance-Measurement-Systeme werden in der Literatur seit Mitte der 1980er-Jahre zur Erfassung der Leistung von großen Unternehmen diskutiert. In den letzten zehn Jahren zeigte sich vermehrt, dass Ansätze, die vorwiegend finanzielle Leistungsindikatoren berücksichtigen, nicht ausreichen, um ganzheitlich die Performance von großen Unternehmen erfassen zu können. Bedingt durch eine Globalisierung der Märkte und einen einhergehenden steigenden Wettbewerbsdruck, der neben großen Unternehmen besonders mittelständische Unternehmen betrifft, spielen zunehmend nicht-finanzielle Faktoren eine immer wichtiger werdende Rolle. Bestehende PMS wurden größtenteils auf die Anforderungen von großen Unternehmen ausgerichtet und erschweren die Anwendung in mittelständischen Unternehmen. Dabei stellen mittelständische Unternehmen im Vergleich zu großen Unternehmen abweichende Anforderungen an die Modellierung, die Implementierung und die Anwendung von Performance-Measurement-Systemen. Mittelständische Unternehmen brauchen ein einfach zu integrierendes Performance-Measurement-System, welches gleichzeitig durch eine holistische Betrachtung des Unternehmens alle für den Erfolg kritischen Geschäftsprozesse abbildet. In den Fokus von gleichermaßen großen und mittleren Unternehmen rückte durch die Einflüsse des Business Process Reengineerings zunehmend eine prozessorientierte Betrachtung der Unternehmensstruktur. Dynamischer werdende Märkte setzen eine flexible und kurzfristige Anpassungsfähigkeit an die sich rapide ändernden Wettbewerbsbedingungen voraus. Erste Publikationen zur IT-seitigen Integration von prozessorientierten PMS wurden vermehrt in den letzten zehn Jahren veröffentlicht. Der Fokus verschob sich von Performance- Measurement-Systemen als reine strategische Managementinstrumente hin zu BI-Tools, die eine Analyse der Geschäftsprozess-Daten ermöglichen. Erste Ansätze von Data Warehouse-Lösungen zur Analyse und zentralen Speicherung von Performance-relevanten Bewegungsdaten wurden diskutiert. Dabei ist zu erkennen, dass ein weiterer Bedarf an ganzheitlichen Modellierungsansätzen besteht, die sich von der Analyse der Geschäftsprozesse und der Definition geeigneter KPIs bis hin zur IT-seitigen Integration von sogenannten Process-Performance-Measurement-Systemen erstrecken. In der Selektion geeigneter KPIs ist in vielen mittleren Unternehmen ein erhebliches Defizit zu erkennen. Neben einer fehlerhaften Einführung bestehender PMS-

Ansätze werden KPIs zur Leistungserfassung nur unzureichend definiert und bilden so keine optimale Basis zur Leistungserfassung.

Für oben genannte Problemstellungen findet der Autor zwei Lösungsansätze, die mittelständische Unternehmen dabei unterstützen können, sich mit der Einführung von Process-Performance-Measurement-Systemen zur Optimierung der Geschäftsprozesse in ihr Unternehmen auseinanderzusetzen. Ein Ergebnis bildet das eingeführte PPMS-Framework, die Business Process Performance-Scorecard, die es mittelständischen Unternehmen ermöglicht aus einer ganzheitlichen Betrachtungsweise alle Performance-relevanten Einflüsse auf ihre Geschäftsprozesse zu berücksichtigen. Wie die Arbeit gezeigt hat unterstützt die BPP-Scorecard mittlere Unternehmen bei der Definition der Geschäftsprozessziele und bei der darauf folgenden Selektion geeigneter und zielführender KPIs als Basis der Performance-Erfassung. Basierend auf der Einführung der BPP-Scorecard bildet ein zweites Ergebnis ein Vorgehensmodell zur konzeptuellen und semantischen Modellierung eines Process Performance Measurements Systems, welches im Rahmen des Fallbeispiels der Ausarbeitung für ein fiktives Mittelständisches Unternehmen modelliert wird. Es wird ein multidimensionales Datenmodell sowohl auf fachlicher Entwurfsebene als auch auf softwaretechnischer Entwurfsebene konzipiert. Aspekte der physischen Implementierung des PPMS konnten hier nur am Rande behandelt werden. Mit dem Modellierungsprozess des PPMS wird ein IT-seitiger Ansatz zur Optimierung der Geschäftsprozesse von mittelständischen Unternehmen aufgezeigt. Die Funktionsfähigkeit wird im Rahmen des Fallbeispiels unter Anwendung auf das fiktive mittlere Unternehmen aufgezeigt.

4.2 Kritische Würdigung und Ausblick

Die idealistische Darstellung des fiktiven mittelständischen Unternehmens ist durch eine empirische Studie und durch die Entwicklung eines ersten Prototypens zu prüfen. Die erfolgreiche Integration operativer Daten wurde für die Ausarbeitung vorausgesetzt. Der Autor ist sich bewusst, dass es bei diesem Schritt zu Komplikationen der Datenintegrität aus verschiedenen bereits vorhandenen operativen Systemen kommen kann. Diese Integrität ist weiterhin zu prüfen. Der Rahmen der Ausarbeitung erlaubte es nicht, den physischen Entwurf auf softwaretechnischer Ebene detaillierter zu untersuchen und ein physisches Schema für das fiktive mittlere Unternehmen in dem dargestellten Fallbeispiel zu modellieren. Weiterhin distanziert sich der Autor von der Aussage, dass das vorgestellte Process-Performance-Measurement-System den Anforderungen eines jeden mittelständischen

Unternehmens entspricht. Jeder Einführungs- oder Modellierungsprozess setzt eine situationsspezifische Untersuchung der expliziten Anforderung eines Unternehmens voraus. Zwar lassen sich generelle Anforderungen von Unternehmen an die Modellierung, Implementierung und die Anwendung von PMS definieren, jedoch setzt eine erfolgreiche Implementierung eine genaue Analyse des jeweiligen Anwendungsfalles voraus. Das vorgestellte Vorgehensmodell und das Fallbeispiel dienen der Orientierung, um von den bisherigen Ergebnissen profitieren zu können.

In einem nächsten Schritt ist zu prüfen, ob aufkommende Datenvolumen durch eine geeignete Architektur gehandhabt und zu Analyse-Zwecke aufbereitet werden können. Weiterhin sind Performance-Daten als für ein Unternehmen höchst sensible Daten zu betrachten. Sie geben Auskunft über die interne Ausrichtung der Unternehmensstruktur und beherbergen vertrauliche Informationen zur Strategie und Wirtschaftlichkeit von Unternehmen. Auf die Sicherheit der Datenhaltung sollte in einer Weiterentwicklung der Ergebnisse ein hervorzuhebender Fokus gelegt werden. Ebenso gilt es, die Akzeptanz von Performance-Measurement-Systemen in mittelständischen Unternehmen zu bewerten. Die Leistungserfassung ist nicht nur als Aufgabe des Managements, sondern auch auf Mitarbeiterebene anzusiedeln. Nur durch die Kombination beider Ebenen kann eine transparente und präzise Leistungserfassung ermöglicht werden.

Immer kürzer werdende Innovationszyklen betreffen neben Produkten und Geschäftsmodellen vor allem die Informationstechnologie. Das stetige Streben nach Fortschritt und Optimierungen führt dazu, dass eingeführte Systeme oder Methoden nach kurzer Zeit entweder überarbeitet oder ausgetauscht werden. Gleiches mag für den Einsatz eines Performance-Measurement-Systems gelten. Der mit hohem Aufwand verbundene Implementierungsprozess eines holistischen PMS findet an dieser Stelle seinen größten Kritikpunkt. Es ist zu untersuchen wie sich PMS an die anhaltende Digitalisierung mit Blick auf die Aktualität von Systemen und Prozessen anpassen können. Des Weiteren ist der Einsatz eines Performance-Measurement-Systems mit Kosten verbunden, die im Rahmen der Bachelorarbeit nicht behandelt wurden. Es gilt abzuwägen, welche aufkommenden Kosten einem möglichen Nutzen eines PMS entgegengesetzt werden müssen.

Forschungsfragen, die für die zukünftige Entwicklung von Performance-Measurement- Systemen interessant sind und einen Anreiz für folgende Forschungsarbeiten bieten, fasst der Autor abschließend zusammen:

- Wie ist das Verhältnis von Nutzen und Wirtschaftlichkeit von Performance- Measurement-Systemen in mittelständischen Unternehmen? Überwiegt der Nutzen eines PMS die Kostenfaktoren der Einführung und Betreibung? (Langzeitstudie)

- Werden Performance-Measurement-Systeme als weiteres BI-Tool in mittelständischen Unternehmen zur Performance-Erfassung sowohl auf Managementebene als auch auf Mitarbeiterebene allumfassend akzeptiert? (Empirische Studie)

- Wie kann eine PMS-Standardsoftware für mittelständische Unternehmen aussehen, die einerseits die Implementierung erleichtert und andererseits flexibel genug ist, um den Anforderungen von mittelständischen Unternehmen zu entsprechen? (Prototyp)

- Performance Measurement 2.0 als mobile Unternehmenslösung – Welche neuen Ansätze und Möglichkeiten bieten Mobile Devices zur Erfassung und Steuerung der Performance?

- Welche Entwicklungspotenziale können durch die Integration von Performance- Measurement-Systemen und den neuen Ansätzen der Industrie 4.0 erzielt werden?

5 Literaturverzeichnis

[Adam10] ADAMSON, Christopher, 2010. Star Schema The Complete Reference. 1. Auflage. New York: McGraw Hill. ISBN: 978-0-07- 174433-1

[Bank16] DZ BANK AG, 2016. Mittelstand im Mittelpunkt [online]. 4. Auflage. Frankfurt am Main: DZ BANK AG [Letzter Zugriff am: 03.09.2016]. Verfügbar unter: https://www.bvr.de/p.nsf/0/75A2578D0DE4FE8CC1257FBE002756DA/ $file/Mittelstand%20im%20Mittelpunkt%20Fr%C3% BChjahr%202016.pdf

[Barn98] BARNES, M. et al. 1998. A new approach to performance measurement for small to medium enterprises. In: conference proceeding Performance Meaurement – Theory and Practice [online]. Canberra: CSIRO Australia. S. 86-92 [Letzter Zugriff am: 03.09.2016].Verfügbar   unter: http://citeseerx.ist.psu.edu/viewdoc/download?doi=10.1.1.42.3859&rep=rep1&type=pdf

[Bierf91] BIERFELDER, Wilhelm, 1991. Entwicklungsdynamik von Unternehmen: Gestaltung von Übergängen und Selbstorganisation. 1. Auflage. Wiesbaden: Gabler Verlag. ISBN: 978-3-409-13048-6

[Bour00] BOURNE, Mike et al., 2000. Designing, implementing and updating Performance-Measurement-Systems. In: International journal of operations & production management [online]. 20(7), S. 754-771 [Letzter Zugriff am: 03.09.2016]. Emerald Insight Digital Library. ISSN 0144-3577. Verfügbar unter: DOI: 10.1108/01443570010330739

[Böck10] BÖCKMANN, Dirk, 2012. Performance Measurement – One Size fits all?. In: Wirtschaftsinformatik und Management [online]. 2(3), S. 64-71 [Letzter Zugriff am: 03.09.2016]. Springer Professional Digital Library. ISSN 1867-5913. Verfügbar unter: DOI: 10.1007/BF03248261

[BöUl00] BÖHNLEIN, Michael und ULBRICH-VOM ENDE, Achim, 2000. Grundlagen des Data Warehousing: Modellierung und Architektur [Arbeitsbericht]. Bamberg: Otto-Friedrich-Univ. Bamberger Beiträge zur Wirtschaftsinformatik. 55 [Letzter Zugriff am: 03.09.2016]. Verfügbar unter: http://www.ceushb.de/forschung/downloads/BoUl2000.pdf

[Brech12] BRECHT, Ulrich, 2012. Controlling für Führungskräfte: Was Entscheider im Unternehmen wissen müssen. 2. Auflage. Wiesbaden: Springer Gabler. ISBN: 978-3-8349-3429-1

[BuWi09] BUCHER, Tobias und WINTER, Robert, 2009. Geschäftsprozessmanagement—Einsatz, Weiterentwicklung und Anpassungsmöglichkeiten aus Methodiksicht. In: HMD Praxis der Wirtschaftsinformatik [online]. 46(2), S. 5-16 [Letzter Zugriff am: 03.09.2016]. SpringerLink Digital Library. ISSN 2198-2775. Verfügbar unter: DOI: 10.1007/BF03340338

[BuFo98] BULOS, Dan und FORSMAN, Sarah, 2006 ©. Getting started with ADAPT [Whitepaper]. OLAP Database Design. San Rafael: Symmetry Corporation [Letzter Zugriff am 03.09.2016]. Verfügbar unter: http://www.symcorp.com/downloads/ADAPT_white_paper.pdf

[Bund14] BUNDESMINISTERIUM FÜR WIRTSCHAFT UND ENERGIE, Hrsg., 2014. German Mittelstand: Motor der deutschen Wirtschaft [Öffentlichkeitsarbeit]. Zahlen und Fakten zu deutschen mittelständischen Unternehmen. Berlin: Bundesministerium für Wirtschaft und Energie [Letzter Zugriff am: 03.09.2016]. Verfügbar unter: http://www.midasgruppe.de/uploads/media/German_Mittelstand_Motor_der_deutschen_Wirtschaft_-_BMWI.pdf

[ChGl04] CHAMONI, Peter und GLUCHOWSKI, Peter, 2004. Integrationstrends bei Business-Intelligence-Systemen. In: Wirtschaftsinformatik [online]. 46(2), S. 119-128 [Letzter Zugriff am: 03.09.2016]. SpringerLink Digital Library. ISSN 1861- 8936. Verfügbar unter: DOI: 10.1007/BF03250931

[Chen76] CHEN, Peter Pin-Shan, 1976. The entity-relationship model – toward a unified view of data. In: ACM Transactions on Database Systems [online]. 1(1), S. 9-36 [Letzter Zugriff am: 03.09.2016]. ACM Digital Library. ISSN 0362-5915. Verfügbar unter: DOI: 10.1145/320434.320440

[Chen00] CHENNELL, A. et al., 2000. OPM: a system for organisational performance measurement. In: PM 2000 - Performance Measurement - Past, Present and Future. Cambridge, 19.-21.07.2000. Cambridge, PMA, S. 1-8 [Letzter Zugriff am: 03.09.2016]. Verfügbar unter: http://citeseerx.ist.psu.edu/viewdoc/download?doi=10.1.1.467.8182&rep=rep1&type=pdf

[Chon07] CHONG, Sandy, 2007. Business process management for SMEs: an exploratory study of implementation factors for the Australian wine industry. In: Journal of Information Systems and Small Business [online]. 1(1-2), S. 41-58 [Letzter Zugriff am 03.09.2016]. Journal of Information Systems ans Small Business. ISSN 1834-2957. Verfügbar unter: https://ojs.deakin.edu.au/index.php/jissb/article/view/3/5

[Coop92] COOPER, Robin, 1992. Implementing activity-based cost management: moving from analysis to action: implementation experiences at eight companies. Inst of Management Accountants, 1992.

[Demi86] DEMING, W. Edwards. Out of the crisis, Massachusetts Institute of Technology. Center for advanced engineering study, Cambridge, MA, 1986, 510. Jg.

[DinE14] DEUTSCHES INSTITUT FÜR NORMUNG E.V., 2014. DIN EN ISO 22400-1 (2014-10): Automation systems and integration — Key performance indicators (KPIs) for manufacturing operations management — Part 1: Overview, concepts and terminology. (ISO 22400: 2014). Berlin: Beuth, 00.10.2014

[DinE15] DEUTSCHES INSTITUT FÜR NORMUNG E.V., 2015. DIN EN ISO 9000 (2015-09): Qualitätsmanagementsysteme–Grundlagen und Begriffe (ISO 9000: 2015). Berlin: Beuth, 00.09.2015

[Eccl91] ECCLES, R., 1991. The performance measurement manifesto. In: Harvard Business Review, January-February. 69(1), S. 131- 137. ISSN 0017-8012

[Ecke09] ECKERSON, Wayne W., 2009 ©. Performance management strategies [Whitepaper]. In: Business Intelligence Journal [online]. 14(1), S. 24-27. [Letzter Zugriff am: 03.09.2016]. TDWI. Verfügbar unter: https://www.microstrategy.com/Strategy/media/downloads/white-papers/TDWI_Performance-Management- Strategies.pdf

[FeSi13] FERSTL, Otto K. und SINZ, Elmar J., 2013. Grundlagen der Wirtschaftsinformatik. 7., aktualisierte Auflage. Berlin: Walter de Gruyter GmbH. ISBN: 978-3486713534

[Fort88] FORTUIN, Leonard. Performance indicators – why, where and how?, 1988. In: European Journal of Operational Research [online]. 34(1), S. 1-9 [Letzter Zugriff am: 03.09.2016]. ScienceDirect Digital Library. ISSN 0377-2217. Verfügbar unter: DOI: 10.1016/0377-2217(88)90449-3

[Funk10] FUNK, Burkhardt et al., 2010. Geschäftsprozessintegration mit SAP. Fallstudien zur Steuerung von Wertschöpfungsprozessen entlang der Supply Chain. 1. Auflage. Berlin: Springer Verlag. ISBN: 978-3-642-12720-5

[GaBB05] GARENGO, Patrizia und BIAZZO, Stefano und BITITCI, Umit S., 2005. Performance-Measurement-Systems in SMEs: a review for a research agenda. In International journal of management reviews [online]. 7(1), S. 25-47 [Letzter Zugriff am 03.09.2016]. Wiley Online Library. ISSN 1468-2370. Verfügbar unter: DOI: 10.1111/j.1468-2370.2005.00105.x

[Glav11] GLAVAN, Ljubica, 2012. Understanding Process-Performance-Measurement-Systems. In: Business Systems Research [online]. 2(2), S. 25-38 [Letzter Zugriff am 03.09.2016]. DE GRUYTER. ISSN 1847-9375. Verfügbar unter: DOI: 10.2478/v10305-012-0014-0

[GlKS09] GLUCHOWSKI, Peter und KURZE, Christian und SCHIEDER, Christian, 2009. A modeling tool for multidimensional data using the adapt notation. In: Proceedings of the 42nd Hawaii International Conference on System Sciences [online]. Hawaii, 05.- 08.01.2009, S. 1-10 [Letzter Zugriff am 03.09.2016]. IEEE Xplore Digital Library. ISSN 1530-1605. Verfügbar unter: DOI: 10.1109/HICSS.2009.25

[GoMR98] GOLFARELLI, Matteo und MAIO, Dario und RIZZI, Stefano, 1998. The dimensional fact model: a conceptual model for Data- Warehouses. In. International Journal of Cooperative Information Systems [online]. 7(2-3), S. 215-247 [Letzter Zugriff am 03.09.2016]. World Scientific. ISSN 1793-6365. Verfügbar unter: DOI: 10.1142/S0218843098000118

[GüBa13] GÜNZEL, Holger, Hrsg. und BAUER, Andreas, 2013. Data-Warehouse-Systeme: Architektur, Entwicklung, Anwendung. 4., überarbeitete und erweiterte Auflage. Heidelberg: dpunkt.verlag GmbH. ISBN 978-3-89864-785-4

[GuNa97] GUNASEKARAN, A. und NATH, B., 1997. The role of information technology in business process reengineering. In: International journal of production economics [online]. 50(2), S. 91-104 [Letzter Zugriff am 03.09.2016]. ScienceDirect Digital Library. Verfügbar unter: DOI: 10.1016/S0925-5273(97)00035-2

[Güte02] GÜNTERBERG, Brigitte und WOLTER, Hans-Jürgen, 2002. Unternehmensgrößenstatistik 2001/2002: Daten und Fakten [online]. Bonn, Institut für Mittelstandsforschung [Letzter Zugriff am 03.09.2016]. Verfügbar unter: http://www.ifm- bonn.org/uploads/tx_ifmstudies/IfM-Materialien-157_2003.pdf [HaRe83] HAERDER, Theo und REUTER, Andreas, 1983. Principles of transaction-oriented database recovery. In: ACM Computing Surveys (CSUR) [online]. 15(4), S. 287-317 [Letzter Zugriff am 03.09.2016]. ACM Digital Library. ISSN 0360-0300. Verfügbar unter: DOI: 10.1145/289.291

[Hahn05] HAHNE, Michael, 2005. SAP Business Information Warehouse: Mehrdimensionale Datenmodellierung. 1. Auflage. Berlin: Springer. ISBN 978-3-540-22015-2, Verfügbar unter: DOI: 10.1007/b138368

[Hahn06] HAHNE, Michael, 2006. Mehrdimensionale Datenmodellierung für analyseorientierte Informationssysteme. In: Peter CHAMONI, Hrsg. und Peter GLUCHOWSKI, Hrsg.. Analytische Informationssysteme: Business Intelligence-Technologien und - Anwendungen. 3., vollständig überarbeitete Auflage. Berlin: Springer, S. 177-206. ISBN 978-3-540-29286-9

[HaKu12] HAHNE, Michael und KURZE, Christian, 2012. OLAP Modellierung mit Hilfe der ADAPT-Notation. In: BI Spektrum [online]. 7(1), S. 23-27 [Letzter Zugriff am: 03.09.2016]. TDWI. Verfügbar unter: http://www.tdwi.eu/fileadmin/user_upload/zeitschriften//2012/01/hahne_kurze_BIS_01_12.pdf

[HaCh09] HAMMER, Michael und CHAMPY, James, 2009. Reengineering the Corporation: Manifesto for Business Revolution. 3., überarbeitete Auflage. New York: HarperCollins. ISBN 978-0-06-055953-3

[HeHo12] HELLWIG, Claudia und HOFBAUER, Günter, 2012. Professionelles Vertriebsmanagement: Der Prozessorientierte Ansatz Aus Anbieter-und Beschaffersicht. 3. Auflage. Erlangen: Publicis. ISBN 978-3-89578-402-6

[Holt99] HOLTHUIS, Jan, 1999. Der Aufbau von Data-Warehouse-Systemen: Konzeption – Datenmodellierung – Vorgehen. 2., überarbeitete und aktualisierte Auflage. Wiesbaden: Deutscher Universitäts-Verlag. ISBN 978-3-8244-6959-8

[Houy11] HOUY, Constantin et al., 2011. Geschäftsprozessmanagement im Großen. In: Wirtschaftsinformatik [online]. 53(6), S. 377- 381 [Letzter Zugriff am: 03.09.2016]. SpringerLink. ISSN 1861-8936. Verfügbar unter: 10.1007/s11576-011-0292-0

[HvTh01] HVOLBY, Hans-Henrik und THORSTENSON, Anders, 2001. Indicators for performance measurement in small and medium- sized enterprises. In: Proceedings of the Institution of Mechanical Engineers, Part B: Journal of Engineering Manufacture [online]. 215(8) S. 1143-1146 [Letzter Zugriff am: 03.09.2016]. SAGE journals. ISSN 1143-1146. Verfügbar unter: DOI: 10.1243/0954405011518926

[HoFL10] HOUY, Constantin und FETTKE, Peter und LOOS, Peter, 2010. Empirical Research in Business Process Management-Analysis of an emerging field of research. In: Business Process Management Journal [online]. 14(4), S. 619-661 [Letzter Zugriff am: 03.09.2016]. Emerald Insight Digital Library. ISSN 1463-7154. Verfügbar unter: DOI: 10.1108/14637151011065946

[HuSB01] HUDSON, Mel und SMART, Andi und BOURNE, Mike, 2001. Theory and practice in SME Performance-Measurement- Systems. In: International journal of operations & production management [online]. 21(8), S. 1096-1115 [Letzter Zugriff am: 03.09.2016]. Emerald Insight Digital Library. ISSN 0144-3577. Verfügbar unter: DOI: 10.1108/EUM0000000005587

[HuWi05] HUMM, Bernhard und WIETEK, Frank, 2005. Architektur von Data Warehouses und Business Intelligence Systemen. In: Informatik-Spektrum [online]. 28(1), S. 3-14 [Letzter Zugriff am: 03.09.2016] Springer Link. ISSN 1432-122X. Verfügbar unter: DOI: 10.1007/s00287-004-0450-5

[Hype98] HYPERION SOLUTIONS CORPORATION, 1998. Providing OLAP to User-Analysts [online]. An IT Mandate. Sunnyvale: Hyperion Solutions Corporation [Letzter Zugriff am: 03.09.2016]. Verfügbar unter: http://www.minet.uni-jena.de/dbis/lehre/ss2005/sem_dwh/lit/Cod93.pdf

[Inmo02] INMON, William H., 2002. Building the Data-Warehouse. 3. Auflage. New York: John Wiley & Sons. ISBN 978-0471081302

[Inst16] INSTITUT FÜR MITTELSTANDSFORSCHUNG BONN, 2016. Definitionen [online]. KMU-Definition des IfM Bonn. Bonn: Institut für Mittelstandforschung Bonn [Letzter Zugriff am: 10.06.2016]. Verfügbar unter: http://www.ifm- bonn.org/definitionen/kmu-definition-des-ifm-bonn/

[JaMo11] JAMIL, C. M. und MOHAMED, Rapiah, 2011. Performance-Measurement-System (PMS) in small medium enterprises (SMES): A practical modified framework. In: World Journal of Social Sciences [online]. 1(3), S. 200-212 [Letzter Zugriff am: 03.09.2016]. World Journal Of Social Sciences. ISSN 1839-1184. Verfügbar unter: http://wbiaus.org/14.%20Rapiah.pdf

[Kaga13] KAGANSKI, Sergei et al., 2013. Selecting the right KPIs for SMEs production with the support of PMS and PLM. In: International Journal of Research In Social Sciences [online]. 3(1), S. 69-76 [Letzter Zugriff am: 03.09.2016]. IJRSS. ISSN 2307- 227X. Verfügbar unter: http://ijsk.org/uploads/3/1/1/7/3117743/8_product_life_management.pdf

[KaNo92] KAPLAN, Robert S. und NORTON, David P., 1992. The Balanced Scorecard – Measures That Drive Performance. In Harvard Business Review. 70(1), S. 71-79 [Reprint 92105]. [Letzter Zugriff am: 03.09.2016] Verfügbar unter: http://www.csus.edu/indiv/s/sablynskic/documents/balancedscorecard1992kaplanandnorton.pdf

[KaNo95] KAPLAN, Robert S. und NORTON, David P, 1995. Putting the balanced scorecard to work. In: Craig E. SCHNEIDER et al., Hrsg. Performance Measurement, Management, and Appraisal Sourcebook. Amherst: HRD Press, S. 66-79. ISBN 978-0874252651

[KaNo96] KAPLAN, Robert S.; NORTON, David P, 1996. Using the balanced scorecard as a strategic management system. 1996. Verfügbar unter: http://www.paca-online.org/cop/docs/Kaplan+Norton_Balanced_Scorecard_-_3_articles.pdf#page=36

[Kerz15] KERZNER, Harold R., 2015. Project management metrics, KPIs, and dashboards [PDF]. A guide to measuring and monitoring project performance. London: International Institute for Learning, Inc., 2015. [Letzter Zugriff am: 03.09.2016] Verfügbar unter: https://www.ncpmi.org/sites/default/files/1315b%20-%20Kerzner%20-%20Understand%20Metrics.pdf

[KiRo02] KIMBALL, Ralph und ROSS, Margy, 2002. The Data-Warehouse toolkit: the complete guide to dimensional modeling. 2. Auflage. New York: John Wiley & Sons. ISBN 978-0471200246

[KrSo97] KRIPPENDORF, Michael und SONG, Il-Yeol, 1997. The translation of star schema into entity-relationship diagrams. In: Proceedings of the Eighth International Workshop on Database and Expert Systems Applications [online]. S. 390-395, Toulouse, 1.-2.09.1997 [Letzter Zugriff am: 03.09.2016]. IEEE Xplore Digital Library. ISSN 0-8186-8147-0. Verfügbar unter: DOI: 10.1109/DEXA.1997.617320

[KuKr99] KUENG, Peter und KRAHN, Adrian JW, 1999. Building a Process-Performance-Measurement-System: some early experiences. In: Journal of Scientific and Industrial Research [online]. 58(03-04), S. 149-159 [Letzter Zugriff am: 03.09.2016]. NISCAIROnline   Periodicals   Repository. ISSN 0975-1084. Verfügbar   unter: http://nopr.niscair.res.in/bitstream/123456789/17801/1/JSIR%2058%283-4%29%20149-159.pdf

[Kuen00] KUENG, Peter, 2000. Process-Performance-Measurement-System: a tool to support process-based organizations. In: Total Quality Management [online]. 11(1), S. 67-85 [Letzter Zugriff am: 03.09.2016]. ResearchGate. ISSN 1360-0613. Verfügbar unter: https://www.researchgate.net/profile/Peter_Glassman2/publication/8180753_Measuring_the_Quality_of_Physician_Pract ice_by_Using_Clinical_Vignettes_A_Prospective_Validation_Study/links/0f31753bac39895356000000.pdf

[KuMW00] KUENG, Peter und MEIER, Andreas und WETTSTEIN, Thomas, 2000. Computer-based performance measurement in SMEs: is there any option?. Institute of Informatics-University of Fribourg [working paper], [Letzter Zugriff am: 03.09.2016]. Verfügbar unter: https://pdfs.semanticscholar.org/7074/b253a3407d4a99ce0b7da988645c63473f2a.pdf

[KuWL01] KUENG, Peter und WETTSTEIN, Thomas und LIST, Beate, 2001. A Holistic Process Performance Analysis through a Performance Data Warehouse. In: Proceeding of the Seventh Americas Conference on Information Systems (AMCIS 2001) Boston: Association for Information Systems, S. 349-356 [Letzter Zugriff am: 03.09.2016]. Verfügbar unter: http://ai-sel.aisnet.org/cgi/viewcontent.cgi?article=1508&context=amcis2001

[Lait02] LAITINEN, Erkki K., 2002. A dynamic Performance-Measurement-System: evidence from small Finnish technology companies. In: Scandinavian journal of management [online]. 18(1), S. 65-99 [Letzter Zugriff am: 03.09.2016]. Science Direct. ISSN 0956-5221. Verfügbar unter: DOI: 10.1016/S0956-5221(00)00021-X

[Leba95] LEBAS, Michel J., 1995. Performance measurement and performance management. In: International Journal of Production Economics [online]. 41(1), S. 23-35 [Letzter Zugriff am: 03.09.2016]. Science Direct. ISSN 0925-5273. Verfügbar unter: DOI: 10.1016/0925-5273(95)00081-X

[LeRe00] LEHNER, Franz und REMUS, Ulrich, 2000. Prozessmanagement im Mittelstand als Ausgangspunkt für die Einführung des Wissensmanagements: Erfahrungen und Schlussfolgerungen aus einem Praxisprojekt. Lehrstuhl für Wirtschaftsinformatik III, Universität Regensburg, S. 179-204 [Letzter Zugriff am: 03.09.2016] Verfügbar unter: https://www.wi-inf.uni-duisburg- essen.de/MobisPortal/pages/rundbrief/pdf/LeRe00.pdf

[LyCr92] LYNCH, Richard L. und CROSS, Kelvin F., 1992. Measure up!: The essential guide to measuring business performance. 1. Auflage. London: Mandarin. ISBN 978-0749313425

[LuTS02] LUJÁN-MORA, Sergio und TRUJILLO und Juan; SONG, Il-Yeol, 2002. Extending the UML for multidimensional modeling. 1. Auflage. Berlin: Springer Verlag UML 2000 - The Unified Modeling Language. Advancing the Standard: Third International Conference York, UK, October 2-6, 2000 Proceedings (Lecture Notes in Computer Science). 1939. ISBN 978-3540411338

[Mert12] MERTENS, Peter et al., 2012. Grundzüge der Wirtschaftsinformatik. 11. Auflage. Berlin: Springer Gabler. ISBN 978-3-642- 30514-6

[NeGP95] NEELY, Andy und GREGORY, Mike und PLATTS, Ken, 1995. Performance-Measurement-System design: a literature review and research agenda. In: International journal of operations & production management [online]. 15(4), S. 80-116 [Letzter Zugriff am: 03.09.2016]. Emerald Insight Digital Library. ISSN 0144-3577. Verfügbar unter: DOI: 10.1108/01443579510083622

[NeAK02] NEELY, Andy D. und ADAMS, Chrisund KENNERLEY, Mike, 2002. 1. Auflage The performance prism: The scorecard for measuring and managing business success. London: Prentice Hall Financial Times. ISBN 978-0-273-65334-9

[Neel99] NEELY, Andy, 1999. The performance measurement revolution: why now and what next?. In: International journal of operations & production management [online]. 19(2), S. 205-228 [Letzter Zugriff am: 03.09.2016]. Emerald Insight Digital Library. ISSN 0144-3577. Verfügbar unter: DOI: 10.1108/01443579910247437

[NeAC01] NEELY, Andy und ADAMS, Chris und CROWE, Paul. The performance prism in practice. In: Measuring business excellence [online]. 5(2), S. 6-13 [Letzter Zugriff am: 03.09.2016]. Emerald Insight Digital Library. ISSN 1368-3047. Verfügbar unter: DOI: 10.1108/13683040110385142

[NeBo00] NEELY, Andy und BOURNE, Mike. Why measurement initiatives fail. In: Measuring business excellence [online]. 4(4), S. 3-7 [Letzter Zugriff am: 03.09.2016]. Emerald Insight Digital Library. ISSN 1368-3047. Verfügbar unter: DOI: 10.1108/13683040010362283

[NiSc11] NIEDERMANN, Florian und SCHWARZ, Holger, 2011. Deep business optimization: Making business process optimization theory work in practice. In: 12th International Conference, BPMDS 2011, and 16th International Conference, EMMSAD 2011. London, 20.-21.06.2011. Berlin: Springer-Verlag, S. 88-102. ISBN 978-3-642-21758-6. Verfügbar unter: DOI: 10.1007/978-3- 642-21759-3_7

[Öste10] ÖSTERLE, Hubert et al., 2010. Memorandum zur gestaltungsorientierten Wirtschaftsinformatik. In: Zeitschrift für betriebswirtschaftliche Forschung. 6(62), S. 664-672 [Letzter Zugriff am: 03.09.2016]. ISSN 0341-2687. Verfügbar unter: https://wirtschaft.fh-duesseldorf.de/fileadmin/personen/professoren/kalmring/PDF- Dateien/Memorandum_zur_gestaltungsorientierten_Wirtschaftsinformatik.pdf

[OnSo99] O'NEILL, Peter und SOHAL, Amrik S., 1999. Business Process Reengineering A review of recent literature. In: Technovation [online]. 19(9), S. 571-581 [Letzter Zugriff am: 03.09.2016]. Science Direct. ISSN 0166-4972. Verfügbar unter: DOI: 10.1016/S0166-4972(99)00059-0

[Otle99] OTLEY, David, 1999. Performance management: a framework for management control systems research. In: Management accounting research [online]. 10(4), S. 363-382 [Letzter Zugriff am: 03.09.2016]. Ideal Library. ISSN 1044-5005. Verfügbar unter: http://s3.amazonaws.com/academia.edu.documents/21361099/otley-1999-pm- aframeworkform-csresearch.pdf?AWSAccessKeyId=AKIAJ56TQJRTWSMTNPEA&Expires=1472933239&Signature=75wrSAiL73 2F9g0F81gL9SH0YQI%3D&response-content- disposition=inline%3B%20filename%3DPerformance_management_a_framework_for_m.pdf

[Parm07] PARMENTER, David, 2007. Key performance indicators: developing, implementing, and using winning KPIs. 1. Auflage. Hoboken: John Wiley & Sons. ISBN 978-0-470-09588-1

[Parm15] PARMENTER, David, 2015. Key performance indicators: developing, implementing, and using winning KPIs. 3. Auflage. Hoboken: John Wiley & Sons. ISBN 978-1-118-92510-2

[PoSh10] POPOVA, Viara und SHARPANSKYKH, Alexei, 2010. Modeling organizational performance indicators. In: Information systems [online]. 35(4), S. 505-527 [Letzter Zugriff am: 03.09.2016]. Elsevier. ISSN 0306-4379. Verfügbar unter: DOI: 10.1016/j.is.2009.12.001

[ScSe08] SCHMELZER, Hermann J. und SESSELMANN, Wolfgang, 2003. Geschäftsprozessmanagement in der Praxis: Produktivität steigern - Wert erhöhen - Kunden zufrieden stellen. 4. Auflage. München: Carl Hanser Verlag. ISBN 978-3446222984

[Sapi98] SAPIA, Carsten et al., 1998. Extending the E/R model for the multidimensional paradigm. In: Advances in Database Technologies. 1552, S. 105-116 [Letzter Zugriff am: 03.09.2016]. Berlin: Springer Science+Business Media. Lecture Notes in Computer Science. ISSN 0302-9743. Verfügbar unter: http://www.fing.edu.uy/inco/grupos/csi/esp/Cursos/cursos_act/2003/DAP_SistDW/Material/sap99a.pdf

[Simo95] SIMONS, Robert, 1995. Levers of control: how managers use innovative control systems to drive strategic renewal. 1. Auflage. Boston: Harvard Business Review Press. ISBN 978-0875845593

[TaCB08] TATICCHI, Paolo und CAGNAZZO, Luca und BOTARELLI, M, 2008. Performance Measurement and Management (PMM) for Smes: a literature review and a reference framework for PMM design [Letzter Zugriff am: 03.09.2016]. In: POMS 2008 – La Jolla. La Jolla, 09.-12.05.2008. Verfügbar unter: https://www.pomsmeetings.org/confpapers/008/008-0312.pdf

[TeRU01] TENHUNEN, Jarkko und RANTANEN, Hannu und UKKO, Juhani, 2001. SME-oriented implementation of a Performance- Measurement-System. Lahti, Finland: Department of Industrial Engineering and Management, Lappeenranta University of Technology [working paper], [Letzter Zugriff am: 03.09.2016]. Verfügbar unter: http://ibrarian.net/navon/paper/SME_ORIENTED_IMPLEMENTATION_OF_A_PERFOR-MANCE_MEAS.pdf?paperid=1981429

[Toto00] TOTOK, Andreas, 2000. Modellierung von OLAP-und Data-Warehouse-Systemen. 1. Auflage. Wiesbaden: Deutscher Universitäts-Verlag. ISBN 978-3-8244-7110-2

[VeVS11] VELIMIROVIĆ, Dragana und VELIMIROVIĆ, Milan und STANKOVIĆ, Rade, 2011. Role and Importance of Key Performance Indicators Measurement. In: Serbian Journal of Management [online]. 6(1), S. 63-72 [Letzter Zugriff am: 03.09.2016]. ISSN 2217-7159. Verfügbar unter: DOI: 10.5937/sjm1101063V

[WiHe07] WILDE, Thomas und HESS, Thomas, 2007. Forschungsmethoden der Wirtschaftsinformatik. In: Wirtschaftsinformatik [online]. 49(4), S. 280-287 [Letzter Zugriff am: 03.09.2016]. SpringerLink. ISSN 1861-8936. Verfügbar unter: DOI: 10.1007/s11576-007-0064-z

6 Anhang

6.1 A1 – ADAPT, Dimensionen und Dimensionselemente Teil I

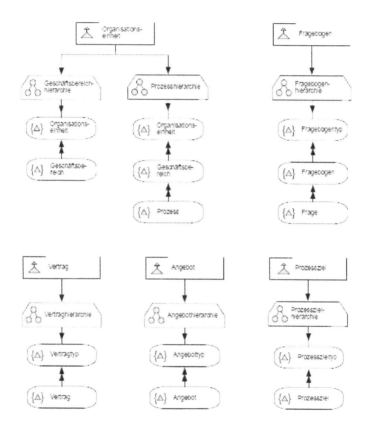

6.2 A2 – ADAPT, Dimensionen und Dimensionselemte Teil II

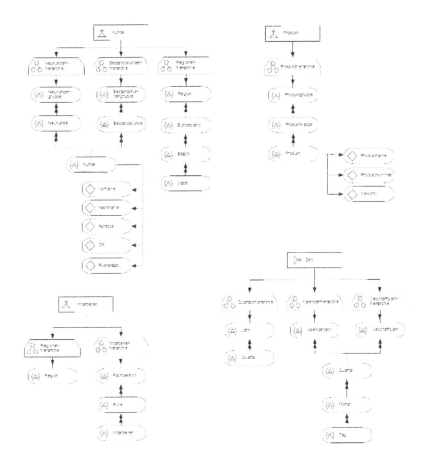

6.3 A3 – ADAPT, Cubes und Dimensionen

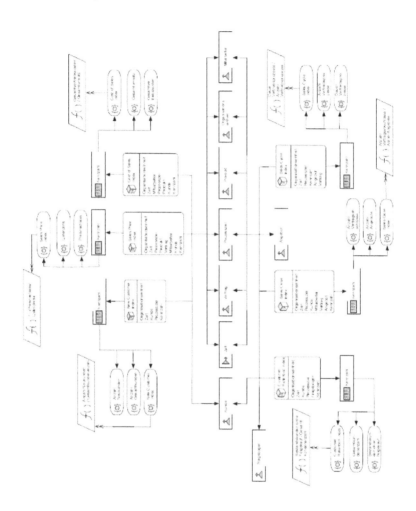

6.4 A4 – BPP-Scorecard Vertriebsprozess

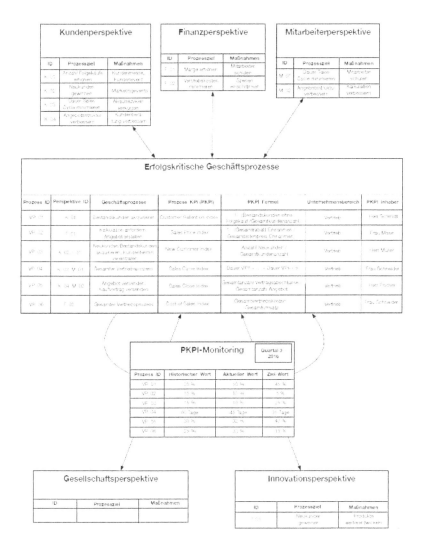